Sylphide

et Le Livre de la Vérité

Sylphide[MC]
© 2003, La Maison d'édition SRT inc.
C.P. 158, succ. Mont-Royal
Montréal (Québec)
H3P 3B9
Tél. : (514) 583-0707
Téléc. : (514) 737-3030
maisonsrt@hotmail.com

Imprimé au Québec
Dépôt légal : 3ᵉ trimestre 2003
Bibliothèque nationale du Québec
Bibliothèque nationale du Canada

ISBN 0-9732950-0-7

Sylvie R. Tremblay

Sylphide

et Le Livre de la Vérité

On dit que les parents aident leurs enfants à grandir. Pour ma part, je crois que ce sont plutôt les enfants qui aident leurs parents à grandir.

À mes deux enfants que j'aime tant,

Alexandre et Anne

1

*P*ar un matin de la fête des Mères, Sylphide se réveilla en proie au sentiment que sa vie était un infernal cercle vicieux dont il semblait impossible de se sortir, et que tous les matins se ressemblaient. Elle regarda son réveille-matin et se leva. Elle aurait préféré rester au lit, mais il était l'heure de préparer le petit-déjeuner de Sara, 9 ans et Jonathan, 12 ans. Elle n'avait plus la chance d'avoir son petit-déjeuner au lit, le jour de la fête des Mères, comme c'était le cas avant que son mari ne meure dans un accident d'automobile, trois ans plus tôt. Elle était maintenant seule pour s'occuper de ses deux enfants. Elle travaillait comme serveuse dans un des restaurants les plus huppés de la ville. Enceinte par accident la première fois, elle avait dû renoncer à terminer ses études (Sylphide rêvait de devenir médecin); son mari, avocat, lui avait dit qu'il serait préférable qu'elle les finisse plus tard, lorsque les enfants seraient plus grands, et que de toute manière, pour le moment, il gagnait suffisamment d'argent pour faire vivre toute la famille. Et parce qu'il était jeune et en bonne santé, il n'avait pas pensé à prendre une assurance-vie. De plus, comme il travaillait pour l'une des plus grandes firmes d'avocats du centre-ville et que, de ce fait, il bénéficiait automatiquement d'une assurance-vie après un an de travail, il s'était dit que ce n'était donc pas nécessaire d'en prendre une deuxième.

Malheureusement, Sylphide n'avait eu droit à rien lorsque son mari était décédé, car il ne travaillait que depuis dix mois à cette firme. Ne pouvant plus respecter les engagements financiers de son mari, elle avait tout perdu, et devait se contenter de vivre maintenant dans un petit appartement de quatre pièces à Montréal avec ses deux enfants.

Pendant le petit-déjeuner, ses enfants se plaignirent :

— Maman, tu travailles tout le temps ou tu fais du ménage. Tu ne t'occupes plus de nous. Tu as beaucoup changé; avant, tu jouais avec nous, et maintenant, tu n'as jamais le temps. De plus, nous prenions souvent des vacances avant. Te rends-tu compte, maman, que depuis maintenant plus de trois ans, nous n'en n'avons pas pris une seule fois ?

— Je sais, vous avez raison, mais il faut comprendre que maman est seule pour prendre soin de vous maintenant. Et je n'ai plus de femme de ménage pour m'aider comme auparavant.

— C'est pas juste. Tous nos amis vont en vacances et nous n'y allons jamais.

— C'est que nous avons aussi des petits problèmes financiers présentement, mais bientôt tout
va s'arranger.

— Nous ne voulons pas prendre des vacances
plus tard, mais tout de suite.

— Vous avez raison. D'accord, allons-y, amu-
sons-nous un peu. Après tout, j'ai une carte de
crédit... Pourquoi ne pas l'utiliser ! Qu'est-ce que
vous diriez d'une petite escapade de deux jours à
Québec ?

— Oh oui ! Oui !

Ils ramassèrent quelques effets et partirent aussitôt en direction de Québec.

2

*E*n arrivant à destination, les enfants, affamés, demandèrent à Sylphide d'aller manger avant de s'installer à l'hôtel. Sylphide trouva un charmant petit bistro dans le Vieux-Québec et, comme tous les enfants, à peine Sylphide commençait-elle à déguster son repas qu'ils avaient déjà terminé le leur. Alors ils lui demandèrent s'ils pouvaient aller voir les amuseurs publics sur la rue. Elle leur en donna la permission afin de pouvoir terminer son repas en toute tranquillité.

Ils revinrent après à peine quinze minutes, et Jonathan lui présenta un dépliant publicitaire du Château Frontenac.

— Maman, c'est un des plus vieux hôtels de la ville, c'est un château. Le portier de l'hôtel nous a dit que plusieurs grandes personnalités publiques y avaient déjà séjourné et qu'il y aurait même des suites qui porteraient leur nom, mais il nous a dit de ne pas trop en parler pour le moment. Parce que l'événement sera officiel seulement le 26 juin 2002.

Il y aura la suite Charlie Chaplin (il y séjourna en 1925), celle d'Alfred Hitchcock, de Charles Lindbergh, qui y séjourna le 24 avril 1928, de Grace de Monaco, de la reine Élisabeth II, de Charles de Gaulle, etc. Il nous a dit aussi que c'est au salon rose de cet hôtel que s'était tenue la conférence durant la Seconde Guerre mondiale, en septembre 1944. Il y a eu aussi la grande réunion des trois chefs d'État en août 1943 : Roosevelt, Churchill et Mackenzie King.

— Tout ça est très intéressant. Comme vous en avez appris des choses en si peu de temps.

— Maman, ce serait formidable de pouvoir y passer la nuit.

— Je suis d'accord avec vous, mais cet hôtel est trop coûteux pour nous. Malheureusement, nous n'en avons pas les moyens.

— Mais maman, quel est notre budget pour la nuit ?

— Soixante dollars environ, et ça ne suffit pas pour une nuit au Château Frontenac.

— Mais maman, si c'était suffisant, tu serais d'accord ?

— Oui. Mais, Jonathan, tu sais bien qu'à ce prix, ce n'est pas possible.

Les enfants partirent de nouveau, pendant que Sylphide terminait son repas. Ils se rendirent tous deux, main dans la main, à la réception du Château Frontenac, où une jeune réceptionniste les accueillit. Jonathan lui demanda :

— Madame, pourriez-vous nous aider ?

14

— Bien sûr, qu'est-ce que je peux faire pour vous, monsieur ?

— C'est la fête des Mères aujourd'hui, et le rêve de notre mère serait de passer la nuit ici. On aimerait la gâter un peu, elle le mérite bien. Le seul problème, c'est que nous ne disposons que de soixante dollars. Est-ce que vous auriez une belle chambre pour ce prix ?

La jeune fille trouva leur démarche touchante. Elle en avait la larme à l'œil. Quelque peu peinée pour eux, elle prit une grande respiration et s'apprêtait à leur signifier que leur demande n'était pas réalisable quand soudain, un homme d'âge avancé qui était arrivé quelques instants plus tôt en limousine et qui attendait derrière eux, séduit par leur attitude, fit discrètement signe à la jeune fille de répondre à leur requête. Celle-ci regarda alors à l'écran de son ordinateur et répondit :

— Je suis désolée. Tout est complet. Ah non, attendez ! J'ai une annulation, mais c'est pour une suite, et vous ne disposez que de soixante dollars. Il y a une grande différence.

L'homme, qui aurait tant aimé avoir des enfants, fit un clin d'œil à la jeune fille en approuvant la différence. Alors celle-ci répondit aux jeunes :

— Cette chambre est pour vous. Lorsque le nom de cette suite sera officiel, elle s'appellera la suite Alfred Hitchcock. Vous pourrez donc dire à tous vos amis que vous avez dormi dans la même suite que lui. J'aurais quand même besoin d'une carte de crédit pour effectuer la réservation.

15

Les enfants, excités, la remercièrent et lui promirent qu'ils allaient revenir immédiatement. Ils coururent jusqu'au restaurant, impatients d'apprendre la nouvelle à leur mère. À peine arrivés, ils demandèrent à Sylphide sa carte pour faire la réservation en lui disant qu'elle n'aurait qu'à aller signer après son repas, qu'ils s'occupaient de tout, et surtout qu'il ne fallait pas s'inquiéter quant au coût de la chambre. Sylphide, abasourdie, leur remit sa carte, et ils repartirent aussitôt.

Sylphide, ayant terminé son repas, les attendait impatiemment. Après quelques minutes, ils revinrent tout énervés. Ils n'arrêtaient pas de parler en lui tirant le bras en direction du Château Frontenac.

— Maman, maman, c'est une suite avec vue sur le fleuve Saint-Laurent, des lucarnes...

Sylphide répondit que pour soixante dollars la nuit, occupation triple, ils auraient sûrement une chambre au sous-sol, à côté de la buanderie.

*J*onathan avait fait remarquer à sa mère que depuis quelque temps, elle était souvent triste et ne souriait plus, et cela le chagrinait. Sylphide croyait que son fils se trompait sûrement. Mais elle en avait tout de même discuté avec sa mère au téléphone, le mois précédent.

— Écoute, Sylphide, je sais, c'est difficile de se rendre compte de ces choses-là par soi-même, mais il faut que tu fasses quelque chose.

— Mais, maman, qu'est-ce qu'il y a ? Tout va bien.

— Tu trouves ça normal, Sylphide, de m'appeler fréquemment en pleurant, de te plaindre de n'être bonne à rien, de te sentir inutile et de voir tout en noir ? Pourtant tu es jolie, brillante et si jeune, tu as toute la vie devant toi. Je ne comprends pas ces moments de déprime. Tu devrais peut-être consulter un psychologue.

Sylphide, d'un ton très fâché, répondit à sa mère :

— C'est ça, dis-moi donc que je suis folle tant qu'à y être !

— Sylphide, je n'ai pas dit ça. Les gens s'occupent de leurs problèmes physiques, mais ils ont honte de parler de leurs problèmes psychologiques, alors que dans la vie, pour une raison ou une autre, on peut tous éprouver à un certain moment des problèmes psychologiques, même si on est sain d'esprit.

— C'est ça, je te dérange. Si tu veux, je ne t'appellerai plus.

— Sylphide. Ça me fait plaisir d'avoir de tes nouvelles. Comme tu peux être orgueilleuse parfois... J'essaie juste de t'aider, je m'inquiète pour toi. Écoute, un de mes amis pourrait peut-être te venir en aide. C'est un excellent psychiatre.

— Un psychiatre !

— Oui, Sylphide, si tu veux, viens dîner à la maison un soir et je l'inviterai afin que tu fasses sa connaissance.

— Bon, après tout, je n'ai rien à perdre. Il ne mord pas ?

— Non, pas du tout. Il est très gentil.

— D'accord, si ça peut te faire plaisir, je viendrai dîner un soir pour le rencontrer.

*E*n arrivant dans le hall du Château Frontenac, les enfants entraînèrent leur mère jusqu'à la
réception. La jeune fille, reconnaissant les enfants,
dit à Sylphide :

— Ah ! C'est vous, la maman chanceuse ! Madame, vos enfants sont adorables. Si un jour j'ai des
enfants, j'aimerais bien qu'ils leur ressemblent.

Sylphide en avait les yeux remplis d'eau. Cela
lui faisait chaud au cœur, elle qui se demandait souvent si elle était une bonne mère. La jeune fille lui
remit une clef et en donna un double à chacun des enfants, comme ils l'avaient exigé, et elle lui dit : « Madame, vos enfants se sont occupés de tout. Vous
n'avez qu'à signer ici. Le prix total sera de soixante
dollars pour la nuit. » Sylphide n'en croyait pas ses
oreilles; elle signa sans mot dire. Dans l'ascenseur,
elle examina encore son reçu afin de s'assurer qu'il
était bien de soixante dollars et dit à ses enfants que
la chambre était sans doute un peu moins belle
qu'ils ne le croyaient.

Arrivé à l'étage, l'ascenseur s'arrêta. La porte s'ouvrit, et ils furent tous trois éblouis. Le cachet d'antan de ce vieil hôtel était charmant. Il semblait habité par une âme. De ses murs et de ses portes émanait un bruit qui en avait long à raconter. Sylphide et ses enfants avaient l'impression de faire un voyage dans le passé, de voir l'ombre de tous les gens qui y avaient séjourné. Ils ressentaient une ambiance un peu magique et mystérieuse. Les enfants, tout excités et pressés d'entrer dans la chambre, bousculaient leur mère. En pénétrant dans la pièce, ils découvrirent que toutes les commodités, elles, y étaient très modernes.

— Maman, maman, regarde, les murs et le plancher de la salle de bain sont en marbre. Il y a des chocolats, de vraies fleurs. Regarde, maman, cette vue du fleuve Saint-Laurent...

Sylphide n'y comprenait rien; elle regarda encore son reçu et alla s'asseoir près de la fenêtre. Elle prit une profonde respiration, car la vue y était si extraordinaire qu'elle en avait le souffle coupé. Elle se demandait si cela était bien réel ou si c'était un rêve. Après s'être ressaisie, elle versa quelques larmes de bonheur, prit ses enfants dans ses bras, et leur dit que c'était le plus beau cadeau de la fête des Mères qu'elle avait jamais eu.

*A*près s'être un peu remis de leurs émotions, Sylphide et ses enfants allèrent visiter le Vieux-Québec. Lorsqu'ils revinrent à l'hôtel, Jonathan décida de lire toute la documentation qui se trouvait dans la chambre. Il fit remarquer à sa mère qu'un petit-déjeuner continental était inclus dans le prix de la chambre, qu'il y avait un spa et une piscine intérieure, et que, de plus, deux massages étaient offerts gratuitement avec la nuit dans cette suite. Sylphide lui répondit :

— C'est formidable, mais en es-tu bien sûr ?

— Je peux aller m'informer au spa de l'hôtel, si tu veux, maman.

— Très bien, vas-y.

Il revint une vingtaine de minutes plus tard.

— Maman, c'est inclus, et il y a de la place ce soir, dans trois quarts d'heure. J'ai déjà réservé.

— Oui, mais je ne peux pas laisser Sara seule pendant une heure. Allez-y, vous deux, je vous attendrai.

Jonathan protesta.

— Maman, c'est toi qui en as le plus besoin. Tu es fatiguée, tu travailles trop. Et, de toute manière, j'ai déjà tout réglé. Si tu es d'accord, bien entendu, j'appellerai pour confirmer.

— Mais pour confirmer quoi ?

— J'ai mentionné que nous étions trois, dont une enfant de 9 ans, et la préposée m'a dit qu'elle pouvait nous faire un prix spécial, pour Sara, de quinze dollars si elle prenait son massage en même temps que toi et dans la même salle de massage. Dis oui, maman. *Please !*

— Tu sais, je crois que tu seras un bon négociateur plus tard, car je ne peux jamais rien te refuser. Tu réussis toujours à obtenir ce que tu veux. C'est d'accord. Allons-y.

Ils se rendirent au spa de l'hôtel, profitèrent de la piscine, du sauna, et allèrent se faire masser. Après une trentaine de minutes, Sylphide, partageant la même pièce que Sara, demanda à sa fille, qui en était à sa première expérience et qui avait sa propre masseuse, comment elle trouvait cela. Sara lui répondit « You hou ! » d'une petite voix qui semblait être au paradis. Détendus et heureux, ils retournèrent à leur chambre, la suite Alfred Hitchcock, vêtus tous trois des robes de chambre de l'hôtel. Ils ne passèrent pas inaperçus dans l'ascenseur et les corridors. À peine de retour, Sara s'endormit aussitôt. Jonathan et Sylphide regardèrent un peu la télévision. Lorsque Sylphide se retourna pour parler à son fils, elle s'aperçut qu'il s'était déjà endormi, lui aussi. Elle éteignit donc la télé et alla s'asseoir près de la fenêtre, ne se lassant pas d'admirer cette vue magnifique qui la faisait rêver à des jours meilleurs. Soudainement, Sara se réveilla en pleurant. Sylphide s'empressa d'aller la consoler. Sara lui dit :

— Maman, tu vas découvrir un livre, *Le Livre de la Vérité*, en quatre volumes. Tu en trouveras un tous les deux ans, à un endroit et à un moment spécifiques que Jonathan te dévoilera. Tu dois trouver le premier bientôt. C'est très important, car tu dois transmettre le message de son contenu. Tu le découvriras le 5 juin 2001. Et le deuxième, au mois de juin 2003. Tu auras les dates plus tard concernant les volumes trois et quatre. Tu dois absolument trouver ces livres, car d'autres personnes les recherchent aussi, mais dans l'intention de garder pour elles l'information et d'empêcher l'humanité d'en profiter. Le premier et le troisième volume seront ceux du bien, le deuxième et le quatrième, ceux du mal. Lorsque tu les auras trouvés, réunis-les. Leurs bordures formeront une croix d'or centrale, les transformant ainsi en un grand livre, celui de la vie et de la vérité.

Sylphide murmura à Sara que tout cela n'était qu'un rêve. Mais Sara lui répondit qu'avant de l'oublier, elle devait dessiner ce qui était représenté sur la page couverture du premier et du deuxième volume. Sylphide lui donna un crayon et un bout de papier. Sara s'exécuta et poussa un long soupir avant de se rendormir. Sylphide retourna près de la fenêtre et continua, quelque peu nostalgique, à rêver. Une vingtaine de minutes plus tard, c'était son fils qui se réveillait en pleurant. Elle lui demanda ce qui se passait. Jonathan lui dit :

— Maman, tu découvriras un livre sur la rue Saint-Pierre, près de la place Royale, dans le Vieux-Québec, à 23 h 30 précisément. Tu verras un cercle dessiné sur un mur de pierres et tu devras mettre ta main gauche en plein centre de ce cercle à l'heure précise. Tu traverseras alors le mur de pierres pour entrer dans une autre dimension. Tu n'auras que soixante minutes. Tu devras être de retour avant minuit trente, car l'entrée se refermera et tu y seras prisonnière pendant deux années. Tu trouveras un livre très ancien caché par Nostradamus lorsqu'il est venu secrètement au Québec (ce voyage avait été financé par Catherine de Médicis, épouse du roi de France Henri II, à l'époque où Nostradamus était sous la protection de celle-ci). Et même si tu ne connais pas les langues anciennes, ce ne sera pas grave. Puisque ce livre est vivant, il s'adaptera à la langue de celui ou celle qui le découvrira. Ce livre peut même transmettre de l'information télépathiquement afin que la personne qui le lit en comprenne aussi le sens, car même si le savoir et la connaissance nous sont donnés, il nous faut aussi la sagesse et la conscience pour bien les comprendre.

Sylphide, stupéfaite, répondit à Jonathan :

— Cette histoire est fantastique, mais, en attendant, il est tard et tu dois dormir.

Il lui demanda un verre d'eau, et quand elle revint, il dormait déjà. Sylphide était un peu troublée que les rêves de ses enfants soient si similaires, et ce, pendant la même nuit; elle se dit qu'il valait peut-être mieux qu'elle aille dormir elle aussi.

Le lendemain matin, ils étaient un peu tristes de quitter cet endroit si charmant, sachant qu'ils ne pourraient probablement jamais y revenir. Jonathan décida de garder en souvenir les feuilles et les enveloppes sur lesquelles était dessiné le logo de l'hôtel. Sara demanda à sa mère si elle pouvait garder une robe de chambre de l'hôtel. Sylphide lui répondit qu'elle ne le pouvait pas, car ce n'était pas à eux. Elle lui demanda alors si elle pouvait rapporter en souvenir un savon ainsi que les petites bouteilles de lotion et de shampoing de l'hôtel. Sylphide approuva. Ils descendirent ensuite prendre leur petit-déjeuner.

Durant le repas, Sylphide posa des questions supplémentaires à ses enfants à propos de leurs rêves. Ils lui répondirent qu'ils ne se souvenaient plus d'avoir rêvé. Sylphide était un peu déconcertée. Ils reprirent la route après le petit-déjeuner en direction de Montréal.

À mi-chemin, ils décidèrent d'arrêter au Cap-de-la-Madeleine pour déjeuner et visiter le sanctuaire. Ils y passèrent plusieurs heures et assistèrent à une messe célébrée dans la petite chapelle. Le bienheureux père Frédéric était lié à l'histoire de ce sanctuaire. Sur des plaques commémoratives, ils lurent les inscriptions suivantes :

Plus on voit cet homme de près, plus on le vénère, et on l'admire.
(L'abbé Luc Désilets)
(18 novembre 1881)
Je passe par mille petites épreuves, et le bon Dieu me fait la grâce de m'en réjouir.
(Le père Frédéric Janssoone)
(22 septembre 1888)
Les saints ne vieillissent pratiquement jamais.
(Jean-Paul II)
(2 juin 1980)

Le père Frédéric (1838-1916) était un franciscain, surnommé le prophète de Notre-Dame-du-Cap. Il avait encouragé des pèlerinages à trois endroits différents au Québec : à Sainte-Anne-de-Beaupré, à Notre-Dame-du-Cap et à l'oratoire Saint-Joseph. Il soutenait aussi moralement le modeste fondateur de l'oratoire Saint-Joseph, le bienheureux frère André. Il y aurait eu, disait-on, d'étranges événements à cet endroit. En mars 1879, alors que des ouvriers étaient en train de construire la nouvelle église de Sainte-Madeleine, ils durent interrompre les travaux à cause de la température qui faisait fondre les glaces sur le fleuve. Ils ne pouvaient plus transporter les pierres nécessaires de Sainte-Angèle, sur la rive sud, au Cap-de-la-Madeleine, sur la rive nord du fleuve Saint-Laurent. Soudain s'étaient levés des vents violents, direction ouest, ce qui n'était pas coutume. Ces vents avaient déplacé d'énormes plaques de glace provenant des trois rivières à l'est de cet endroit. C'est ainsi que, en ce jour du 16 mars 1879, les blocs de glace avaient pu être reliés entre eux, formant un passage sur le fleuve, ce qui avait permis le transport des pierres nécessaires au parachèvement de l'église. Un autre événement pour le moins inusité s'était produit dans cette église, le 22 juin 1888, vers 19 heures. Un homme atteint de paralysie, monsieur Pierre Lacroix, avait été emmené au presbytère. Il demandait si on pouvait le guérir. Le curé Désilets et le père Frédéric l'avaient pris dans leurs bras, conduit au sanctuaire et s'étaient mis à prier, implorant la Sainte Vierge, lorsque la statue qui avait été placée sur le maître-autel ce jour-là s'était brusquement animée... Ses yeux s'étaient mis à bouger. Tous trois auraient été témoins de ce phénomène qui, selon eux, aurait duré de cinq à dix minutes. Monsieur Lacroix aurait fait une déclaration sous serment, avant sa mort, confirmant tout cela. Une copie est conservée dans les archives du Cap-de-la-Madeleine et l'original, à l'évêché de Trois-Rivières. Le père Frédéric disait pour sa part que, par cette manifestation, la Sainte Vierge voulait indiquer qu'elle regarderait avec bonté ceux qui viendraient l'invoquer avec confiance dans son sanctuaire. Mais, malheureusement, monsieur Lacroix n'avait pas été guéri.

Une dame âgée de 80 ans qui entendait les commentaires de Sylphide et de ses enfants leur raconta :

— Peut-être que monsieur Lacroix n'a pas été guéri, mais j'ai connu une personne qui, elle, l'a été. C'était mademoiselle Naud, de la région de Portneuf. Cette dame était en chaise roulante. Pendant plusieurs années, elle allait au sanctuaire à chaque fête de l'Assomption. Vers l'âge de 30 ans, soit le 15 août 1947, après sa visite au sanctuaire, elle est rentrée chez elle et, soudain, elle a pu descendre l'escalier et marcher à nouveau. Par la suite, elle a décidé de consacrer sa vie à Dieu en entrant chez les religieuses cloîtrées, les carmélites. Le bienheureux père Frédéric a, quant à lui, été béatifié par le pape Jean-Paul II le 25 septembre 1988.

Sylphide et ses enfants la remercièrent pour cette belle histoire, la saluèrent, et reprirent la route en direction de Montréal.

Pendant le trajet, Sara demanda à sa mère s'ils pourraient revenir un autre jour pour assister encore à la messe.

— Oui, sûrement, si ça te fait plaisir, nous reviendrons. Mais pourquoi veux-tu revenir ? Qu'est-ce que tu as tant aimé ?

— Le biscuit croustillant que le prêtre a donné à tout le monde avant la fin de la messe. J'en aurais bien pris d'autres. Il était si bon.

Sylphide lui répondit en riant :

— Mais Sara, ce n'était pas un biscuit, c'était une hostie. Ça représente le corps du Christ. On appelle ce geste la communion. Tous les prêtres font ça partout, à toutes les messes qu'ils célèbrent. Pas seulement au Cap-de-la-Madeleine.

— Est-ce qu'on pourra aller assister à une autre messe pour avoir d'autres biscuits, euh, d'autres hosties, maman ?

— Bien sûr, Sara.

En arrivant à Montréal, Sylphide coucha les enfants et appela sa mère pour lui raconter son escapade ainsi que les rêves étranges de ses enfants. Sa mère lui répondit qu'elle avait bien fait de se gâter un peu, et, au sujet des rêves de ses enfants, ce n'était que coïncidence qu'ils aient tous deux fait des rêves similaires la même nuit.

— Tu sais, tes enfants ont beaucoup d'imagination. Ou bien c'est toi qui en as trop. Tu as peut-être rêvé tout ça, étant donné que tes enfants ne se souviennent plus de rien.

Et elle ajouta en riant que le fait de dormir dans la suite Alfred Hitchcock lui était sans doute monté à la tête.

Sylphide, tentant d'oublier cette histoire, confirma à sa mère qu'elle viendrait dîner le lendemain soir. Elle lui demanda de vérifier si son ami le psychiatre serait disponible.

*L*e lendemain soir, après un copieux dîner comme les fait si bien sa mère, Sylphide et le docteur Ouellet, le psychiatre, qui avaient fait connaissance pendant le repas, se retirèrent de table et allèrent s'isoler dans une pièce pendant près de deux heures.

— Sylphide, à première vue, vous ne me semblez pas avoir de problème majeur. Il est cependant difficile, en une séance seulement, d'établir un diagnostic. Je vous demanderais donc d'appeler ma secrétaire afin de fixer un rendez-vous, et de venir me rencontrer à mon bureau.

Sylphide lui répondit que cela ne serait pas possible, étant donné sa situation financière. Le docteur Ouellet rétorqua en riant :

— Vous savez, Sylphide, cela me fait grand plaisir de vous aider et surtout d'aider votre mère. Je suis tellement heureux de pouvoir faire quelque chose pour elle. Votre mère est une femme admirable, même si elle refuse toujours de m'épouser.

Sylphide le remercia et lui serra la main. Le docteur Ouellet salua la mère de Sylphide et les enfants, puis il partit sous prétexte de devoir être tôt au bureau le lendemain matin. Clara, la mère de Sylphide, offrit une tisane à celle-ci. Pendant que les enfants avaient les yeux rivés sur l'écran de télévision au salon, elles allèrent discuter à la cuisine.

— Et puis, Sylphide, qu'est-ce qu'il t'a dit ?

— Que tu étais très séduisante.

— Arrête, franchement, à mon âge !

— Maman, il n'y a pas d'âge pour l'amour. Il semble être très épris de toi.

— Tout ça est ridicule, Sylphide. De toute façon, j'ai pour le moment à m'occuper de tes enfants et de toi. Je ne crois pas qu'avec ton salaire, tu puisses t'offrir une gouvernante. Je n'ai donc pas de place dans ma vie pour un homme. Et, de toute manière, je ne pourrai jamais plus aimer un autre homme autant que j'aimais ton défunt père.

— Mais maman, ça fait dix ans maintenant qu'il est décédé. Il serait peut-être temps que tu penses à refaire ta vie. Avoir un compagnon, ce serait sûrement agréable pour toi. Tu n'as pas à te sentir fautive. Je suis sûre que papa approuverait et comprendrait.

— Sylphide, ça suffit, je ne veux plus en discuter. Raconte-moi plutôt ce qu'il t'a dit. A-t-il découvert ce que tu avais ?

— Rassure-toi, maman, il m'a dit que j'étais saine d'esprit. Il m'a aussi dit qu'il était plus difficile d'évaluer un patient psychologiquement que physiquement. L'évaluation psychologique doit se faire sur une plus longue période de temps, alors il m'a demandé d'appeler sa secrétaire pour fixer trois rencontres par semaine durant un mois. Il lui sera plus facile de se prononcer sur le traitement approprié. Maman, je dois partir maintenant. Je ne veux pas que les enfants se couchent trop tard.

— Au revoir, Sylphide. Et donne-moi des nouvelles.

Elles s'embrassèrent et Sylphide retourna chez elle en compagnie de ses enfants.

*I*l y avait déjà une semaine que Sylphide était revenue de son escapade à Québec. Elle avait l'impression d'être suivie. Il y avait toujours une voiture, garée devant chez elle, qui la filait lorsqu'elle sortait. Afin de vérifier ses soupçons, un matin, elle partit plus tôt que d'habitude. En démarrant, elle vit aussitôt qu'on la prenait en chasse. Elle fit plusieurs fois le tour du pâté de maisons afin de vérifier si, effectivement, la voiture la suivait. Elle était toujours derrière elle ! Sylphide fut vraiment convaincue à ce moment-là d'être surveillée.

Il y avait aussi un couple âgé qui la filait lorsqu'elle allait faire ses courses à pied. L'homme portait toujours une mallette noire. Sylphide n'y comprenait rien et se demandait la signification de tout cela.

Le soir, dès qu'elle rentra du travail, elle mangea un peu, car elle n'avait pas eu le temps de dîner. Elle coucha les enfants et, troublée, appela sa mère pour lui raconter ce qui s'était passé le matin même.

Sa mère éclata de rire en lui disant que c'était son imagination.

— Voyons, Sylphide, pourquoi suivrait-on une simple mère de famille sans le sou. C'est ridicule... Tu n'es pas la première dame des États-Unis. Sylphide, je m'inquiète beaucoup pour toi.

Sylphide était anéantie. Même sa propre mère ne la croyait pas.

— C'est ça, tu crois que je suis folle !

Et, très fâchée, elle raccrocha.

Sylphide sentait son cœur se serrer; cela faisait mal intérieurement. Désemparée, elle regarda la photo de son mari, placée sur sa table de chevet. Elle la prit et la serra contre sa poitrine en tentant de refouler les larmes qui coulaient le long de ses joues. Elle se disait que s'il avait été là, lui, il aurait pu la comprendre et l'aider.

« Je suis seule maintenant, murmura-t-elle. Pourquoi es-tu parti ? Pourquoi m'avoir laissée seule ? »

Sylphide avait perdu le goût de vivre. Elle se sentait si seule et ne voyait pas comment elle pourrait se sortir de son impasse financière. Elle se demandait aussi si elle était au centre d'une machination voulant la faire passer pour folle. Elle ne comprenait pas ce qui arrivait. Pourtant, elle était sûre d'une chose : elle n'était pas folle. Est-ce que sa propre mère pouvait être impliquée dans cette histoire ? Mais pourquoi ? Elle décida de ne plus parler à personne de tout cela. Peut-être qu'après tout, ses poursuivants s'étaient trompés, qu'ils avaient fait erreur sur la personne et que, bien vite, ils s'en apercevraient. Elle alla dans la chambre de ses enfants, les regarda dormir et les embrassa. Elle pleura pendant un long moment. Elle était déprimée. Elle aurait aimé ne plus rien faire, se laisser mourir tellement elle en avait marre de sa vie. Mais, en regardant ses enfants, elle se dit qu'elle devait rester forte pour eux. Ils avaient trop besoin d'elle. Elle n'avait pas le droit de se laisser aller à la déprime.

Elle caressa les cheveux de ses enfants et tenta de reprendre courage. Tout à coup se dessina sur ses lèvres un petit sourire. Elle se disait, en voyant ses enfants pleins d'amour et de vitalité, que, même si tout allait mal dans sa vie et qu'elle n'avait jamais rien réussi, ses enfants étaient, quant à eux, une réussite. Et que c'était cela qui importait le plus à ses yeux. Et même si son mari était mort, il vivait quand même un peu à travers eux par quelques traits distinctifs, tant sur le plan physique que sur celui de leur personnalité. Son fils, surtout, lui ressemblait beaucoup. Elle poussa un long soupir et alla dormir.

*L*e lendemain matin, à 11 heures, Sylphide était à son travail. Elle avait un horaire difficile, comme la plupart des gens qui travaillent dans les restaurants. Comme on dit dans le métier, elle « faisait des chiffres coupés ». Sylphide travaillait de 11 heures à 14 heures et de 16 heures à 21 h 30, et la fin de semaine quelquefois jusqu'à 23 heures.

Depuis quelque temps, un homme charmant venait toujours prendre son déjeuner au restaurant les journées où Sylphide travaillait. Il y était la plupart du temps accompagné de plusieurs amis ou collègues.

Sandra, une autre serveuse, fit remarquer à Sylphide que cet homme posait beaucoup de questions à son sujet et, de plus, qu'il avait confié au maître d'hôtel qu'il la trouvait très séduisante. Sylphide répondit à Sandra que c'était probablement un de ces hommes mariés à la recherche d'une maîtresse, pour un après-midi ou deux de plaisir par semaine, et que ce type d'homme ne l'intéressait pas.

— Mais non, Sylphide, tu te trompes. J'ai appris qu'il était veuf depuis six ans et qu'il était médecin.

— Bon, peut-être que je me suis trompée, qu'il n'est pas marié après tout. Mais pourquoi un bel homme tel que lui, et médecin de surcroît, s'intéresserait-il à une simple serveuse qui, de plus, a deux enfants à nourrir ?

— Parce que tu es très belle !

— Ha ! Ha ! Très drôle !

Le maître d'hôtel arriva et cria :

— Sylphide, ta cliente de la table huit te demande. Et ce n'est pas le temps de discuter, vous deux. Occupez-vous de vos clients.

— Oui, Madame, je peux vous aider ?

— Le veau n'est pas assez cuit.

— Très bien. Je le rapporte à la cuisine tout de suite.

Sylphide revint quelques minutes plus tard.

— Et voilà, Madame, votre veau.

Celle-ci ne la remercia même pas, et la rappela après avoir avalé une bouchée.

— Madame, finalement, je le préfère comme il était avant. Pourriez-vous m'en faire cuire un autre ? Et vite, je suis pressée.

— Oui, Madame.

Sylphide se disait qu'elle aurait bien aimé lui jeter son assiette au visage, et même le plat de sauce qui l'accompagnait. Cependant, elle ne le fit pas, de peur de perdre son emploi. Et de toute manière, cette cliente n'en valait pas la peine.

*L*es semaines passèrent. Un dimanche matin, alors que Sylphide emmenait ses enfants prendre le petit-déjeuner au restaurant McDonald du quartier, elle vit un itinérant. Il paraissait louche. Elle observa de loin qu'il portait des souliers brillants et frais vernis et que, de plus, son imperméable gris était déchiré de façon très symétrique, comme si cela avait été fait à l'aide d'une paire de ciseaux. Elle s'en approcha un peu plus, et le reconnut. C'était un des hommes qui la prenaient en filature. Il s'était déguisé. Prise de panique, elle décida de partir immédiatement sans terminer sa dernière bouchée. Elle alla chercher ses enfants qui jouaient dans l'aire de jeux, à l'intérieur du restaurant. À peine étaient-ils sortis de l'établissement que l'homme se mit à les suivre, et les rattrapa. Elle fit vite monter ses enfants dans la voiture, pendant qu'il lui criait : « Madame, attendez ! »

Sylphide, très en colère, s'éloigna de la voiture et se dirigea vers lui.

— Qu'avez-vous à me suivre ? Que me voulez-vous ?

Elle avait très peur.

— N'ayez pas peur. Je ne vous veux aucun mal. Je suis désolé. Mon but était seulement de faire mon travail, et non pas de vous effrayer.

— Pourquoi me suivez-vous ?

— Je dois vous protéger.

— Me protéger de quoi ?

— Vous devez trouver un livre et plusieurs personnes peuvent essayer de vous en empêcher, car elles veulent le trouver avant vous.

— Tout ça est ridicule. Vous devez faire erreur sur la personne.

— Non. Il est écrit que ce sera vous.

Sylphide, troublée, partit aussitôt. Elle n'osa pas parler de ce qui était arrivé ni à sa mère ni à personne. Elle garda tout pour elle, de peur que l'on ne la ridiculise encore une fois.

*U*n mois passa, et tout semblait être rentré dans l'ordre. Sylphide allait enfin avoir le diagnostic du psychiatre. Elle se rendit à son bureau dans l'après-midi.

— Bonjour, docteur Ouellet !

— Bonjour, Sylphide. Assoyez-vous. Vous savez, je suis vraiment désolé.

— Mais pourquoi, docteur ?

— Je n'ai pas réussi à trouver ce que vous aviez et je crois que ce ne sera pas de mon ressort.

— Expliquez-moi !

— J'ai cru à un certain moment que vous étiez peut-être maniacodépressive, mais ce n'était pas le cas. Vous aviez les phases dépressives, mais pas les phases maniaques. De plus, vous ne souffrez pas d'une dépression profonde, même si parfois tout le porte à croire. Certains jours, vous êtes bien et heureuse de vivre. Je ne crois pas qu'un psychiatre puisse faire quoi que ce soit pour vous. Mais je peux vous référer à un très bon ami à moi, qui pourra peut-être, lui, je l'espère, vous aider. C'est monsieur Brisson. Il est psychanalyste. J'ai déjà tout arrangé, avec l'aide de votre mère, car il est très occupé et ne prend plus de nouveaux patients. Mais il a fait une exception pour vous. Essayez de le rencontrer deux fois par semaine. Vous n'avez pas besoin de vous préoccuper des frais. Je m'en charge avec votre mère. Elle m'a dit qu'elle tenait à les assumer.

Sylphide accepta la proposition et remercia le docteur Ouellet pour tout ce qu'il avait fait pour elle.

Dès qu'elle rentra à la maison, elle appela sa mère pour la remercier et lui dire qu'elle traversait peut-être une mauvaise phase. Sa mère rétorqua que si c'était le cas, cela durait depuis trop longtemps. Qu'il était temps maintenant qu'elle affronte ce problème et qu'elle le règle une fois pour toutes, parce qu'elle aimerait bien redécouvrir sa petite Sylphide qui était toujours souriante et heureuse de vivre.

— Maman, ai-je tant changé ?

— Oui, Sylphide, tu n'es plus la même, et ça ne peut plus continuer ainsi.

— Tu as sûrement raison. Bon, j'irai, je te le promets. Maintenant, il faut que je te laisse, car j'ai beaucoup de lessive à faire. On se rappelle. Au revoir.

— Au revoir.

*U*n midi, alors que Sylphide travaillait, il se produisit une violente collision juste en face du restaurant. Le maître d'hôtel courut appeler le 911 tandis que les clients et les employés sortaient à l'extérieur pour voir ce qui se passait. Il y avait deux médecins parmi la clientèle, dont Steve, l'homme qui courtisait Sylphide. Il alla secourir une jeune femme, qui faisait une hémorragie due à une blessure profonde. Steve cria : « Apportez-moi des serviettes de table ! » Sylphide alla en chercher et les lui remit. Il parvint à arrêter l'hémorragie. Il attendit l'arrivée des ambulanciers pour leur faire un compte rendu de l'état de celle-ci. Après le départ des ambulanciers, Steve remercia Sylphide pour son aide et lui demanda s'il y avait un endroit où il pourrait se nettoyer. Sylphide l'emmena jusqu'à la cuisine. Il enleva sa chemise pleine de sang et commença à se laver les mains et les bras. Pendant ce temps, Sylphide admirait cet homme au torse nu. C'était la première fois, depuis le décès de son mari, que Sylphide regardait un homme ainsi. Il était grand, mince. Il avait le teint basané et le torse légèrement musclé. Ses cheveux étaient blond foncé avec quelques mèches un peu plus pâles qui créaient un effet ensoleillé. Son regard était d'un bleu perçant, et quelques petites taches de rousseur sur ses joues lui donnaient un air très charmant. En l'observant, à ce moment, Sylphide en tomba amoureuse, mais fit mine de rien. Steve fit savoir à Sylphide qu'il la trouvait très séduisante avec ses beaux cheveux noirs comme le bois d'ébène et ses yeux d'un vert céladon. Sylphide, quelque peu décontenancée, rougit et le remercia. Il lui demanda si elle accepterait d'aller dîner avec lui. Sylphide lui répondit :

— Demandez et vous verrez !

— Viendriez-vous dîner avec moi, samedi soir ?

Sylphide, séduite par son charmant sourire, lui répondit :

— Ce ne sera pas possible.

— Vous refusez ?

— Non, ce ne sera pas possible pour samedi, car je travaille. Par contre, j'accepterais volontiers pour dimanche, si cette offre est valable même le dimanche.

Steve sourit et lui répondit :

— Bien sûr. Je prendrai la soirée que madame voudra bien m'accorder. Après tout, comme le dit le dicton, *ce que femme veut, Dieu le veut.*

Il enfila un chandail que l'un des cuisiniers lui avait prêté et dit à Sylphide :

48

— Est-ce que cela vous conviendrait à 19 heures ?

— Oui, c'est parfait.

— À quelle adresse voulez-vous que je passe vous prendre ?

— Je préférerais vous rejoindre là-bas.

— Comme vous voudrez. Quel genre de restaurant aimeriez-vous ?

— J'aime bien les restaurants italiens.

— Est-ce que vous en préférez un en particulier ?

— Pas vraiment. Je vous laisse choisir.

— D'accord, on se rejoint au restaurant Mona Lisa, rue Fleury Est; tenez, j'ai la carte du restaurant. Est-ce que cela vous convient ?

— C'est parfait. À dimanche.

— Au revoir. À dimanche.

En arrivant chez elle après son travail, Sylphide appela sa mère pour lui annoncer la nouvelle. Celle-ci était ravie et lui fit observer que d'avoir un homme dans sa vie lui ferait le plus grand bien.

— Maman, tu ne crois pas que tu vas un peu trop vite ? C'est seulement un dîner, ce n'est pas une demande en mariage. Et de toute manière, lorsqu'il apprendra que j'ai deux enfants, il me fuira comme la peste. La plupart des hommes ont tellement peur de ce genre de responsabilités...

— Sylphide, ne sois pas défaitiste. Les hommes ne sont pas tous les mêmes. Attends et tu verras. Ne juge pas si vite. Donne-lui sa chance. Et lorsque tu rentreras de ce dîner dimanche, appelle-moi pour me raconter les moindres détails. Je veux tout savoir.

— C'est promis. Je t'appellerai.

*L*e 3 juin 2001, Sylphide apprit le décès d'un cousin éloigné. Bien qu'elle ne l'eût pas vu depuis vingt ans, elle décida de se rendre à ses funérailles, qui avaient lieu à Charlesbourg, en banlieue de Québec, le lendemain après-midi. Ses enfants insistèrent pour l'accompagner et rencontrer leurs petits cousins. Le 4 juin, après les funérailles et un copieux dîner, ils cherchèrent un endroit où passer la nuit. Sylphide se sentait trop mal à l'aise pour aller dormir avec deux enfants chez de la parenté qu'elle ne connaissait presque pas. Elle préférait louer une chambre, mais Charlesbourg étant un quartier résidentiel, ils n'y trouvèrent pas d'hôtel. Ils décidèrent donc de se rendre dans le Vieux-Québec, sûrs de trouver à cet endroit un gîte où passer la nuit. Ils s'installèrent dans une charmante petite auberge à prix raisonnable. En arrivant, Sylphide coucha les enfants et appela sa mère pour lui raconter sa journée et l'aviser qu'ils resteraient une journée de plus que prévu, car ils avaient été invités à un dîner le lendemain; ils ne seraient donc pas de retour avant le 6 juin vers l'heure du midi.

Le lendemain, après leur dîner, ils décidèrent de retourner à l'auberge. Il devait être environ 22 h 30 lorsqu'ils partirent de Charlesbourg. La petite Sara, épuisée, s'endormit sur la banquette arrière de l'auto. En arrivant à l'auberge, Sylphide réveilla Sara qui lui dit : « Maman, tu dois aller chercher *Le Livre de la Vérité.* » Sylphide avait complètement oublié cette histoire, et elle ne comprenait pas pourquoi, soudainement, Sara se rappelait à nouveau tout cela. Lorsqu'elle se rendit compte que c'était le 5 juin, qu'il allait bientôt être 23 h 30 et que, de plus, ils étaient tout près de la rue Saint-Pierre, Sylphide fut abasourdie par toutes ces coïncidences. Sa fille insista pour aller sur la rue Saint-Pierre. Jonathan, qui ne se souvenait de rien, curieux de vérifier si ce livre existait vraiment, prit la défense de sa sœur. Sylphide leur répondit que tout cela était ridicule. Ses enfants insistèrent. Elle décida donc d'y aller pour leur faire plaisir. Après tout, ils n'avaient rien à perdre.

Ils arpentèrent la rue Saint-Pierre de long en large sans y voir aucun cercle, sur aucun mur de pierres. Il était maintenant 23 h 24. Sylphide dit à ses enfants :

— Vous voyez, nous sommes venus ici inutilement.

Elle décida qu'il était temps de rentrer à l'auberge. Sur le chemin du retour, Sara trébucha et se fit une légère égratignure. Elle pleura. Sylphide s'assit près d'elle, examina sa blessure et la consola. Soudainement, à 23 h 30, les lumières extérieures d'un vieux bâtiment s'allumèrent. L'une d'elles était située derrière une très vieille enseigne en fer forgé de forme ronde qui ballottait au vent tout en faisant un bruit infernal. Sylphide se leva et aida Sara. Tout à coup, en se retournant, ils virent que la lumière derrière la vieille enseigne dessinait un cercle parfait sur le mur de pierres du bâtiment d'en face. Les enfants crièrent : « Maman, maman, c'est le cercle sur le mur de pierres. Allons-y, vite ! » Attrapant la main de Sara, qui s'agrippait déjà à son frère, Sylphide plaça sa main gauche au centre du cercle et, en quelques secondes, ils furent emportés par un tourbillon. C'était comme s'ils se trouvaient au milieu d'un cyclone. Ensuite, ils furent propulsés dans un grand tunnel noir, au bout duquel ils aperçurent une lumière. Ils étaient effrayés, se demandant ce qui se passerait lorsqu'ils arriveraient au bout du tunnel. Finalement, ils échouèrent à l'intérieur d'une pièce entourée de murs de pierres et de labyrinthes. Pendant qu'ils hésitaient à savoir quel chemin ils devaient prendre, quatre hommes surgirent. Ils avaient tous des visages à faire peur et de grands couteaux. Ils les prirent en otages, les menaçant d'un couteau sur la gorge. L'un deux dit : « Tuez les enfants tout de suite. On tuera la mère plus tard, lorsque nous aurons le livre. » Soudain, quelqu'un lança une bombe lacrymogène qui emplit la pièce de fumée. L'on n'y voyait plus rien et il était difficile de respirer. Les assaillants lâchèrent prise et s'effondrèrent sur le sol, entraînant dans leur chute Sylphide et ses enfants. Trois autres personnes entrèrent dans la pièce. Il était difficile de les voir. Elles s'approchèrent de Sylphide. Elle les reconnut; c'était bien eux… C'était l'homme qui s'était déguisé en itinérant, ainsi que le couple d'âge mûr qui la suivait. L'homme âgé laissa la main de sa femme et s'approcha de Sylphide. Il avait toujours sa mallette noire. Il l'ouvrit, et en sortit un portrait dessiné à la main et jauni par le temps. À l'endos, il était inscrit : Richard, Salon-de-Provence, 1545. Il le lui remit, tandis que l'homme déguisé en itinérant venait la voir et lui disait :

— Prends tes enfants et enfuis-toi vite. Nous nous occuperons d'eux.

Sylphide, effrayée, prit ses enfants par la main et courut. Ils aboutirent dans un cul-de-sac. Le chemin du labyrinthe qu'ils avaient emprunté ne conduisait nulle part. Désespérée et effrayée de rebrousser chemin, Sylphide s'assit sur le sol. C'est alors que Sara lui dit :

— Mais j'ai déjà vu cet endroit auparavant.

— Mais comment peux-tu avoir déjà vu cet endroit ?

— J'ai rêvé que nous nous y trouvions tous les trois.

— Et qu'est-ce qui se passait ensuite dans ton rêve ?

— Nous avons appuyé sur une pierre du mur et un passage secret s'est ouvert à nous. Ensuite, nous

nous sommes retrouvés dans une grande salle. Puis, l'entrée s'est refermée derrière nous.

Jonathan et Sylphide, affolés et n'ayant rien à perdre, appuyèrent sur chaque pierre qui se trouvait autour d'eux, espérant que Sara ait vu juste. Soudain, Jonathan s'écria :

— Venez vite ! C'est ici !

Ils passèrent tous trois par l'ouverture, qui se referma aussitôt derrière eux. Ils se retournèrent afin d'examiner l'endroit où ils étaient. C'était grandiose. Ils se seraient crus dans une grande salle de bal. Tout était blanc et resplendissant; le plafond était si haut qu'il était difficile d'en apercevoir la fin. De magnifiques lustres de cristal y étaient suspendus. Il y avait aussi un vieux piano à queue tout blanc, et les draperies étaient de soie pure et blanche. Elles semblaient danser au vent. Tout au centre de la pièce se trouvait une plate-forme de pierre d'environ un mètre de hauteur, et sur cette plate-forme était disposée une pierre verte en forme de trapèze. Elle était entourée d'un halo blanc lumineux qui dégageait une lumière d'une chaleur apaisante. Elle envahissait toute la pièce. Les enfants, éblouis et attirés par la pierre, se dirigèrent vers elle. Sylphide leur cria : « Attendez ! Peut-être ne faut-il pas s'en approcher. » Jonathan ramassa un petit caillou et le lança en direction du halo de lumière pour voir ce qui se passerait. Dès que le caillou eut pénétré dans le halo de lumière, il fut aspiré et disparut. Ils comprirent alors qu'ils ne devaient pas s'en approcher. Soudain, un des quatre hommes qui les avaient agressés, et qui avait réussi à les retrouver, attrapa Sara, lui mit son couteau sous la gorge et dit en reculant :

— Maintenant, vous allez faire ce que je vous dirai.

Mais pendant qu'il reculait avec Sara, il entra dans le halo de lumière de la pierre et fut aspiré immédiatement, puis il disparut dans le néant. Par contre, ce qui semblait incompréhensible, c'était que Sara aussi était entrée dans le halo de lumière, mais elle, elle n'avait pas été aspirée par la pierre. Sara, réalisant ce qui venait de se passer, comprit qu'elle ne risquait rien. Elle s'approcha de la pierre et la caressa. Soudain, ils entendirent un bruit infernal, et un des murs de pierres de la pièce devint transparent comme s'il était fait de verre. Ils virent à ce moment des centaines de personnes qui criaient et frappaient sur le mur. Elles étaient prisonnières de ce mur. D'après les vêtements qu'ils portaient, ces gens semblaient originaires de différentes époques. Ils virent aussi l'homme qui les avait menacés quelques instants auparavant. Il était derrière ce mur, lui aussi. Ils comprirent que c'étaient probablement toutes les personnes que la pierre avait aspirées. Jonathan alla toucher à la pierre et, aussitôt, le bruit cessa. Le mur de verre se transforma à nouveau en un mur de pierre opaque. Sylphide s'en approcha, elle aussi, et y déposa sa main. Tout à coup, la pierre se mit à parler. D'une voix grave et profonde, elle leur dit :

— N'ayez pas peur. Je vous attendais. Je suis la pierre qui protège *Le Livre de la Vérité* et je sais reconnaître les cœurs purs. Eux seuls peuvent me toucher sans danger, et vous trois en faites partie, alors n'ayez aucune crainte, approchez. Soulevez-moi, ensuite déposez-moi sur le sol et vous découvrirez *Le Livre de la Vérité.*

Ils firent ce que la pierre leur avait suggéré. Lorsqu'ils la soulevèrent, à leur grand étonnement, ils s'aperçurent qu'elle avait le poids d'une plume. Ils la déposèrent donc sur le sol, impatients de découvrir ce fameux livre, mais rien ne se passa. Ils attendirent encore un peu, sans que rien n'arrive. Ils rétorquèrent à la pierre :

— Mais il ne se passe rien !

Elle leur répondit :

— Oh ! Où avais-je la tête ? Vous devez aussi tourner vers la droite la petite pierre triangulaire à la base de la plate-forme.

Sara dit alors à sa mère :

— Maman, tu vois, tu me grondes toujours lorsque j'oublie mes gants à l'école, alors que même les pierres magiques oublient des choses quelquefois.

Sylphide sourit et lui répondit qu'elle avait bien raison.

À peine Sylphide avait-elle tourné la pierre triangulaire que, soudain, la plate-forme s'ouvrit en quatre et une autre en sortit. Un livre d'une beauté incomparable s'y trouvait. Il avait un fond noir glacé, et l'on pouvait y apercevoir une Voie lactée en forme de spirale, accompagnée d'étoiles; les lettres du titre étaient d'or pur 24 carats. De ce livre émanait une lumière pure et blanche, et ils pouvaient ressentir une forme d'énergie, une chaleur qui les imprégnait d'une essence d'amour universel. Ils entrèrent tous trois dans un état euphorique. Il leur semblait que le temps s'était arrêté. Ils avaient l'impression que plus rien d'autre au monde n'existait. Une musique enchanteresse se faisait entendre. Soudain, des formes blanches semblables à des nuages se précipitèrent vers eux. Et tout à coup apparurent... des anges ! Ils portaient dans leurs ailes des multitudes de petites étincelles. Ils chantaient des chants célestes d'une harmonie difficile à décrire. Sylphide et ses enfants n'avaient jamais rien vu ni entendu de si merveilleux. Ces anges avaient les yeux remplis d'amour et de tendresse. Ils communiquaient avec eux de manière télépathique. Des mots ainsi que des phrases leur étaient transmis, mais sans que ne soit prononcée une seule parole. Cette communication remplissait leur cœur d'amour, de sagesse et de compassion, comme si on élevait leur âme et leur conscience dans une sorte d'extase, afin qu'ils puissent comprendre certaines choses. Juste au-dessus du livre apparut de manière virtuelle, dans les airs, un grand « A ». Il était fait de pierre et ressemblait à une pyramide. D'autres lettres se formèrent, par dizaines : des a, s, p, p, s, a. Certaines lettres se regroupèrent, trois par trois. Elles se rangèrent à la base de la grande lettre A. On aurait dit une armée de lettres. Celles-ci avaient toutes deux petites jambes et semblaient marcher. Elles formèrent des mots à la base de la pyramide, mais toujours le même mot. Elles se rendirent complètement à gauche de la base et commencèrent leur ascension. Elles montaient le long de la pyramide, en suivant une cadence sur deux temps, jusqu'à sa pointe, et elles disparaissaient tandis que d'autres arrivaient et ainsi de suite, pendant un long moment. Sylphide tenta de lire les mots qu'elles formaient. C'était : « Pas à pas, pas à pas, pas à pas » sans fin, pendant que les anges chantaient :

Toutes les formes et les couleurs naissent de la lumière pure et blanche. De la terre au ciel, de l'argile au soleil, les cœurs purs recherchent la vérité et l'amour, mais plus on a de connaissance et plus on a de pouvoir. La connaissance permet d'aider les autres, mais permet aussi de les détruire. L'homme a un pouvoir sans limite. Il peut tout changer s'il le désire vraiment, mais il ne le sait pas, il ne connaît pas la puissance de son esprit. Tout peut changer si l'homme le veut. Il a la volonté et la capacité de le faire. Mais attention, cœurs purs, ne vous croyez pas au-dessus de tout, car l'homme est faible puisqu'il ne contrôle pas très bien encore son ego. Un cœur pur peut devenir impur et un cœur impur peut devenir pur. Prenez garde, car plus vous aurez de connaissance et de pouvoir, plus le serpent de l'ego vous talonnera pas à pas afin d'essayer d'injecter son venin et de retourner vos connaissances, acquises au nom de la vérité et de l'amour, contre vous et contre la société, au nom du pouvoir et de la haine. Luttez afin de ne pas vous laisser corrompre par l'ego et de garder vos cœurs purs. Plus la vie vous dévoilera ses connaissances et plus elle vous donnera des responsabilités proportionnellement aux connaissances reçues.

Ils étaient émerveillés. Quelle sagesse ! Les anges disparurent, la pierre reprit la parole en leur disant :

— Maintenant, si vous croyez faire bon usage de ce livre qui vous apportera la sagesse, qui vous aidera à comprendre qui vous êtes et vos origines, alors prenez-le. Par contre, n'oubliez pas que vous devrez en porter le fardeau sur vos épaules. Ce sera lourd quelquefois. Vous ne pourrez pas garder ce savoir seulement pour vous. Vous devrez absolument en répandre la bonne nouvelle partout dans le monde afin d'aider celui-ci. Vous devrez en quelque sorte travailler pour lui. Si vous n'acceptez pas la mission, vous n'avez qu'à rentrer chez vous et ne pas toucher au livre. Lorsque vous serez prêts à partir, vous n'aurez qu'à mettre votre main gauche au centre du cercle, sur le mur de pierres, là-bas, à votre droite, et vous vous retrouverez au même endroit que lorsque vous êtes entrés. Faites vite, il ne vous reste que dix minutes pour prendre votre décision.

Sylphide prit ses enfants par la main et leur dit :
— Venez vite. Sortons d'ici avant qu'il ne soit trop tard.

Ses enfants lui répondirent :

— Mais maman, prends le livre.

— Non, je ne peux pas. C'est une trop grande responsabilité pour moi. Je n'y arriverai jamais et si j'échouais, ce serait catastrophique. J'ai trop peur de faillir à la mission et de décevoir les anges. Il vaut mieux que ce soit quelqu'un de plus fort que moi qui effectue cette tâche difficile.

— Mais maman, tu en es capable. Prends-le !

— Vous n'êtes pas conscients de tout ce que ça signifie.

— Oui, nous le sommes. Tu oublies que nous étions là, nous aussi.

— J'ai déjà perdu votre père que j'aimais beaucoup, je ne veux pas vous perdre, vous aussi. C'est trop dangereux.

La pierre s'interposa et dit :

— C'est dangereux maintenant, Sylphide, car le livre n'a pas de maître; mais dès que vous l'aurez touché, vous serez son maître. Et ce livre ne peut avoir qu'un seul maître. Personne d'autre ne pourra donc en tirer d'informations par la suite. Les gens qui vous poursuivent le savent, et c'est pour cela qu'ils désiraient le trouver avant vous, car ils savaient qu'après, ce serait trop tard.

Les enfants lui crièrent :

— Prends-le !

— Je ne sais pas.

— Vite, maman ! Il ne nous reste plus beaucoup de temps. Cinq minutes seulement ! Après, il sera trop tard.

Jonathan ajouta :

— Maman, si le livre t'a conduite jusqu'ici, c'est parce qu'il sait que tu seras à la hauteur.

La pierre enchaîna :

— Il a raison.

— Accepte, maman, dit Sara, nous t'aiderons. Accepte, s'il te plaît... *Please ! Please !*

Jonathan reprit :

— Est-ce que ce serait parce que tu ne voudrais pas aider les autres ?

Sylphide hésita quelques secondes et prit finalement le livre. Elle mit sa main gauche au centre du cercle sur le mur, juste à temps, et ils repartirent tous de la même façon qu'ils étaient arrivés. Ils se retrouvèrent tous les trois sur la rue Saint-Pierre et cachèrent le livre sous une veste. Ils retournèrent ensuite à l'auberge, exténués. Ils s'endormirent en arrivant.

14

*L*e lendemain matin, ils repartirent en direction de Montréal. Pendant le trajet, ils discutèrent de leur aventure et décidèrent, d'un commun accord, qu'il valait mieux n'en parler à personne, même pas à grand-maman. De toute manière, personne ne les croirait. De plus, cela mettrait leur sécurité en danger si certains individus tentaient de voler *Le Livre de la Vérité* en ignorant que, même s'ils le détenaient, ils ne pourraient rien en faire maintenant que celui-ci avait un maître.

Sylphide appela sa mère en arrivant pour l'aviser qu'ils étaient de retour. Elle lui demanda de venir garder les enfants, car elle devait être au travail pour 16 heures. Avant que sa mère n'arrive, elle courut cacher le livre au grenier.

Le jour suivant, Sylphide se leva tôt, impatiente de commencer la lecture du *Livre de la Vérité*. Elle prépara le petit-déjeuner des enfants, ainsi que leur collation du midi, et appela au restaurant pour avertir qu'elle ne rentrerait pas travailler. Ensuite, elle attendit impatiemment le départ de ses enfants pour l'école. Sylphide leur demanda s'ils avaient fait des rêves concernant le livre.

— Maman, de quoi parles-tu ? Quel livre ?

— Vous ne vous souvenez plus de rien ?

— De quoi devrait-on se souvenir ?

Sylphide, étonnée qu'ils ne se souviennent plus de rien, leur dit que ce n'était qu'une blague, et monta jusqu'au grenier afin de vérifier si le livre y était bien. Elle poussa un grand soupir de soulagement... Il était bien là. Dès qu'elle entendit la porte claquer et l'autobus scolaire partir, elle emporta son livre au salon et entama sa lecture. Il émanait de ce livre une énergie de lumière et d'amour. Elle commença par examiner la page couverture, tenta d'en saisir la signification, mais en vain. Elle se dit alors que, sûrement, elle comprendrait plus tard. Puis, elle commença à tourner les pages. Elles étaient blanches ! Rien n'y était écrit ! Stupéfaite, elle tourna encore d'autres pages. Toujours rien. Très déçue, elle allait crier au canular quand soudain, n'en croyant pas ses yeux, elle vit sortir du livre une plume en or pur 24 carats. Les pages du livre se retournèrent d'elles-mêmes jusqu'à la première, et la plume commença à former de belles lettres couleur or. Elle les traçait au fur et à mesure que Sylphide lisait. C'était fantastique. Sylphide était éblouie par ce spectacle.

— Bonjour, Sylphide. Je suis *Le Livre de la Vérité*. Je vous attendais depuis fort longtemps. Nous allons travailler ensemble.

Le livre hésita un moment et dit :

— Comme nous avons du pain sur la planche, par quoi vais-je commencer ?

Il réfléchit quelques instants et reprit :

— Bon, commençons et on verra bien. Je serai votre conseiller. Je donnerai les réponses à toutes vos questions.

— J'ai justement une question.

— Déjà !

— Oui. Il y a des milliards de gens sur Terre... Pourquoi est-ce moi qui ai découvert ce livre et pas quelqu'un d'autre ? Qu'est-ce que je viens faire dans cette histoire ?

— Je vais vous expliquer. Je peux vous dire tu ?

— Oui, bien sûr.

— Tu vas tout comprendre. Il y a bien des années, au XVIe siècle, voilà maintenant quinze générations, un de tes ancêtres du côté paternel, qui s'appelait Richard...

— Ah ! C'est lui sur la photo que m'a donnée l'homme âgé qui me suivait.

— C'est bien lui. Ton ancêtre Richard faisait partie d'une association fondée un peu sur les mêmes idéologies que celles des chevaliers de la Table ronde. Cette association s'appelait les Rose-Croix. Elle était composée d'hommes d'honneur au cœur pur désireux d'aider la société. Richard était un grand ami de Michel de Nostredame, c'est-à-dire Nostradamus, qui faisait aussi partie de cette société secrète. Leurs tâches étaient très diversifiées. Ils soignaient les gens. Ils ont même sauvé plusieurs vies lors de l'épidémie de peste qui a ravagé les régions de Narbonne, de Toulouse et de Bordeaux, en France. Ils faisaient des recherches sur l'agriculture afin d'aider les paysans à avoir de bonnes récoltes. Ce sont eux aussi qui inventèrent le premier almanach, qui était publié une fois l'an et qui renfermait beaucoup d'informations utiles pour les paysans sur l'agriculture, l'hygiène et les prévisions météorologiques. Ces hommes pratiquaient tous la magie blanche et l'alchimie. Malheureusement, ce savoir s'est perdu car, à l'époque, c'était la chasse aux sorcières sous le règne de l'Inquisition. Tout a été mis à feu et à sang. Plusieurs personnes sont mortes avant de pouvoir transmettre leur savoir. Les autorités ont même décidé de transformer la langue française au cas où quelques livres bien cachés auraient échappé au feu. Car même en remontant aussi loin qu'en 1574, et en vous référant aux archives et à tous les dictionnaires de l'Académie française, vous ne trouverez pas, par exemple, la signification du mot *esleu,* qui a été banni de la langue française pour être remplacé par un autre. Et pourtant, il était très utilisé à l'époque. Tu connais le français, Sylphide ?

— Oui ! Bien sûr !

— Alors, est-ce que ce mot signifie quelque chose pour toi ?

— Je n'en ai aucune idée !

— C'est ce que les Rose-Croix avaient anticipé, parce qu'ils savaient que les autorités au pouvoir iraient même jusqu'à transformer la langue française. C'est pour cette raison qu'ils m'ont créé, afin que l'on puisse encore, quinze générations plus tard, comprendre clairement la signification de mon contenu.

— Mais que signifie *esleu* ?

— *Esleu* signifie *élu*. Certaines personnes, croyant dans leur orgueil qu'aucune autre ne pourrait être élue pour quoi que ce soit, décidèrent de brûler les livres annonçant des élus, et firent disparaître ce mot de la langue française. Ce mot, très utilisé à l'époque médiévale, a quand même survécu dans quelques écrits, que ce soit dans *Les Lettres inédites* de Diane de Poitiers, dans les archives de plusieurs régions de France, dans les récits de Guillaume De Tyr, dans *Les Prophéties de Nostradamus* ou dans le livre de Clément Marot, *Les Opuscules*.

— Je comprends maintenant. Mais qu'est-ce que j'ai à faire dans cette histoire ?

— Un jour, les Rose-Croix se réunirent lors d'un voyage en Angleterre. Conscients de la tyrannie exercée par la monarchie et la religion en Europe, ils ne pouvaient pas, à ce moment, transmettre aux gens des pensées philosophiques contraires à celles des autorités en place, de peur de mettre la vie de ces gens en danger. Il était donc préférable de laisser les choses se calmer un peu. Ils décidèrent d'un commun accord de cacher le livre et de s'arranger pour qu'il soit découvert plus tard, à une époque où les gens pourraient s'exprimer à nouveau sans avoir peur d'être brûlés vifs. Ton ancêtre Richard était présent à la réunion des Rose-Croix, ce jour-là. Lorsqu'il ne leur resta plus qu'à décider quel descendant de la quinzième génération serait choisi, ils convinrent d'y réfléchir pendant la nuit et de prendre leur décision le lendemain.

Le jour suivant, tout de suite après la rosée du matin, Richard alla cueillir des pissenlits pour préparer une soupe. Il avait l'habitude d'en donner aux gens qui souffraient de problèmes digestifs. Pendant qu'il était aux champs, il fut arrêté par les gardes du roi d'Angleterre, Henri VIII, et emmené devant lui pour être jugé. Effrayé, il dit au roi : « Votre Majesté, il ne faut pas me juger. Dieu s'en chargera. Je n'ai rien fait qui puisse nuire à Votre Majesté. »

Le roi répondit : « Oui, vous montez les paysans contre la monarchie et, de plus, vous pratiquez la sorcellerie. »

Puis, s'adressant à ses gardes, il ajouta : « Qu'il soit crucifié sur-le-champ, ce traître insolent, et allumez un bûcher à ses pieds. »

C'est ainsi que la vie de ce courageux chevalier prit fin.

— C'est terrible.

— Effectivement. Toujours est-il qu'à dix heures, ce matin-là, les autres membres de la société secrète se réunirent, et ils se demandèrent ce qui avait pu arriver à Richard, car il n'était pas au rendez-vous. Ils partirent donc à sa recherche, mais lorsqu'ils le retrouvèrent, il était déjà mort. C'est pour cette raison que tous les membres de la société décidèrent d'un commun accord qu'en l'honneur de Richard, qui venait de les quitter, ce serait un de ses descendants, c'est-à-dire le premier-né de la quinzième génération, qui découvrirait *Le Livre de la Vérité* et serait porteur du message qu'ils voulaient transmettre. Et cette personne, Sylphide, c'est toi. Mais tu auras un grand travail à effectuer sur toi-même car tu ne peux pas transmettre un message dont tu ne comprends pas la signification. Tu n'es pas prête pour le moment, mais un jour tu le seras, avec mon aide. Tu dois apprendre à te connaître, à prendre conscience de toutes tes émotions, tes comportements, à développer la force qui te permettra de les maîtriser. Pour devenir une personne d'honneur comme l'était ton ancêtre et développer ta sagesse, ta tolérance et ta compassion. Comme le dit le dicton, *connais-toi toi-même et tu connaîtras le monde.*

Apprends à te conquérir et tu pourras conquérir le monde.

— Wow ! Quelle histoire. Vous croyez vraiment que j'y arriverai ?

— Bien sûr, si tu es prête à mettre les efforts nécessaires, car tous les hommes peuvent y arriver s'ils le désirent.

— Mon ancêtre Richard avait donc des enfants ?

— Oui, il en avait six.

— Quelle tristesse ! Il a laissé ceux-ci, ainsi que sa femme, dans le deuil ?

— Oui.

— Pauvre elle !

— Bon, nous devons continuer maintenant. Ma mission est de t'aider et la tienne sera d'utiliser toutes les informations que je te dévoilerai, d'écrire un livre et de le faire publier afin d'amener les gens à la réflexion, à se poser des questions, à développer leur désir de grandir en tant qu'individus et donc de faire grandir le monde où nous vivons, car le monde grandit un peu plus chaque fois qu'un individu grandit, puisque le monde est le résultat de tous les individus qui le composent. Ce sont les premiers pas vers l'évolution. Avant l'action, il doit y avoir la réflexion. Si tous les gens prenaient le temps de réfléchir et de se poser des questions, ils réaliseraient alors qu'il est beaucoup plus agréable de vivre dans la paix et l'amour que dans la haine et la guerre. Le seul problème, c'est que cela demande de gros efforts pour changer ses habitudes, ses manières de penser, qui souvent sont ancrées en nous si profondément que nous les prenons pour une réalité incontournable. Mais l'homme est le maître sur Terre et il a la liberté et le pouvoir de changer tout ce qu'il désire.

— Écrire un livre ! Mais c'est impossible ! Je n'ai pas les compétences requises, je ne sais pas comment l'on doit s'y prendre. C'est trop difficile pour moi.

— Nous venons à peine de commencer et elle se plaint déjà.

Il poussa un long soupir et continua :

— Sylphide, fais-moi confiance. Je sais ce que tu peux faire ou ne pas faire et je suis là pour t'aider. De plus, pour écrire un livre, ce dont on a surtout besoin, c'est l'inspiration, c'est d'avoir quelque chose à dire, et tout cela, tu l'auras avec mon aide. C'est un peu comme la musique. Même si on a de grandes connaissances techniques, cela ne veut pas nécessairement dire que l'on réussira à composer de grandes symphonies comparables à celles de Mozart. Le côté technique et l'inspiration sont deux choses complètement différentes. L'inspiration sert à créer tandis que le côté technique a pour mission de traduire l'inspiration brute en un langage compréhensible pour le lecteur. C'est vrai que l'idéal serait d'avoir les deux éléments, mais étant donné que tu n'as pas la technique, tu feras corriger ton livre par quelqu'un qui pourra t'aider dans ce domaine, dès que tu l'auras terminé. Donc, écris avec ton cœur. Je te mettrai en contact avec quelqu'un qui t'aidera à faire la mise en pages afin que ton livre soit publié. Ne te préoccupe pas de ça pour le moment et écris.

— C'est très bien. Si vous croyez que je peux le faire, je le ferai.

— Ah ! Une dernière chose, Sylphide. Tu devras écrire ce livre sous la forme d'un roman.

— Mais pourquoi, si tout ça est vrai, devrait-on le faire sous la forme d'un roman ?

— Hum ! Petite ingénue, les loups ne feraient qu'une bouchée de toi.

— Que voulez-vous dire ?

— Tu sais que tu ne dois pas dévoiler ta source, et de toute manière, même si tu le faisais, personne ne te croirait. Donc, si tu affichais ouvertement que tu détiens *Le Livre de la Vérité*, je vais te dire ce qui pourrait arriver… Même si l'homme est bon, de par sa nature, quelquefois il peut se montrer très méchant lorsque l'on provoque chez lui la jalousie, l'envie, ou que l'on porte atteinte à son ego. Les journalistes et tous ceux qui ont beaucoup de connaissances, mais qui n'ont peut-être pas eu la chance d'avoir l'inspiration et l'accès à moi, pourraient être touchés dans leur orgueil que tu y sois parvenue. Alors ils tenteraient de te démolir. Ils essayeraient de te ridiculiser. Et, étant donné que tu dois garder le secret de ta source, tu ne pourrais pas te défendre. Il est donc préférable que tu évites tout cela et que tu te concentres sur ce qui est important... Livrer le message !

— Vous avez raison. Je ferai donc un roman.

— Très sage décision, Sylphide. De toute manière, tu ne seras pas la première. Depuis le tout début de l'écriture, plusieurs écrivains tels que Goethe, Voltaire, Jules Verne, Victor Hugo, Molière ou Shakespeare ont fait passer leur message sous forme de poèmes, de pièces de théâtre ou de romans. Souvent, la plupart de ces hommes voyaient les choses différemment, comparativement à la majorité des gens de leur époque. Ceux qui, en manque d'inspiration, étaient devenus critiques littéraires (puisqu'il est beaucoup plus facile de critiquer que de créer) ne pouvaient pas comprendre ces artistes sensibles et émotifs qui, eux, ne se sentaient pas de taille à affronter les loups. Il y a eu de très grands messages philosophiques dévoilés à travers les temps même dans les fables pour enfants comme *Le Renard et le Corbeau* ou *La Cigale et la Fourmi*, et bien d'autres encore. L'avantage avec les romans, c'est que les gens ne peuvent que supposer, sans jamais savoir où commencent et où s'arrêtent la réalité et la fiction. Ils balancent entre les deux et ne comprennent que ce qu'ils veulent comprendre. Ils laissent de côté ce qu'ils ne peuvent pas saisir en le mettant sur le compte de la partie fiction, et cela variera d'un lecteur à l'autre. Tu dois commencer le plus tôt possible, Sylphide. L'homme doit maintenant laisser son ego de côté et croître afin de briser les barrières du racisme et des religions, sinon il ira de catastrophe en catastrophe, de guerre en guerre, jusqu'à l'extermination complète de la race humaine. Car la plupart des décisions importantes prises présentement dans le monde le sont au nom du pouvoir, de l'ego et de l'argent plutôt qu'avec le cœur et par amour. Il faut tenter de faire réfléchir l'homme avant qu'il ne soit trop tard.

— Mais quelle tâche ardue vous me donnez là. Je ne sais pas si j'y arriverai, mais je ferai de mon mieux.

— Tu sais, Sylphide, aucune connaissance ne nous est donnée sans les responsabilités qui vont de pair. Donc, tu commenceras ton roman par un peu de blablabla, avec des personnages, des lieux, comme on amorce chaque roman, et ensuite tu passeras aux choses sérieuses.

— C'est très bien. Je vais m'y mettre tout de suite.

— Reviens me voir lorsque ce sera fait.

— Parfait, mais j'aurais une dernière question. Pourquoi est-ce que mes enfants ne se souviennent plus de leurs rêves ni du livre ?

— C'est voulu ainsi, Sylphide, car il est très difficile pour des enfants de garder un secret et il est important de ne pas nuire à leur équilibre.

— Ah ! Je comprends.

15

*D*imanche après-midi, Sylphide alla reconduire ses enfants chez sa mère pour la nuit afin de pouvoir dîner avec Steve en toute tranquillité. Sa mère était encore plus excitée qu'elle-même et ne cessait de la questionner.

— À quel endroit allez-vous ? Comment vas-tu t'habiller ? Vas-tu mettre ta belle robe noire ? Elle te va si bien.

— Maman, arrête, je suis assez grande pour savoir comment m'habiller.

Sylphide sortit. Sa mère courut derrière elle jusqu'à l'extérieur de la maison. Elle lui cria :

— Sylphide, n'oublie pas de m'appeler dès que tu rentreras, je veux tout savoir.

— Mais maman, il sera peut-être très tard.

— Ça n'a aucune importance. Appelle-moi quelle que soit l'heure.

— Très bien, je t'appellerai.

Sylphide était très nerveuse. Cela faisait des années qu'elle n'avait eu de rendez-vous galant.

Elle ne savait pas si elle allait être à la hauteur. Elle passa en revue toute sa garde-robe et changea d'idée à plusieurs reprises. Elle essaya enfin un pantalon noir qu'elle n'avait pas porté depuis fort longtemps. Malheureusement, elle n'arrivait pas à l'attacher. Son choix s'arrêta sur un tailleur jaune. Lorsqu'elle fut enfin prête, elle prit une gorgée de vin pour essayer de se détendre un peu avant de partir. Sylphide était tellement énervée qu'elle en renversa sur son tailleur. Elle dut se changer à nouveau. Finalement, elle enfila la robe noire que sa mère lui avait suggéré de porter. Déjà en retard, elle décida de prendre un taxi. À un pâté de maisons du restaurant, la rue Fleury était congestionnée à cause des travaux que l'on y effectuait. Elle demanda au chauffeur de taxi de la déposer et fit le reste du chemin à pied. Sylphide marcha, mais ne trouva pas le restaurant. Elle demanda son chemin à quelques personnes sans que celles-ci puissent l'orienter. Sylphide ne comprenait pas que ce numéro civique ne soit indiqué nulle part. Elle décida donc d'appeler d'une cabine téléphonique.

— Ah ! Nous sommes désolés, madame, des ouvriers sont en train de repeindre la devanture. Nous avons été visités par des vandales hier soir. Ils ont dessiné des graffitis partout. Les peintres ont enlevé le numéro civique et l'annonce.

— Mais alors, qu'est-ce que je peux faire pour vous trouver ?

— Vous n'êtes pas une habituée ?

— Non, c'est la première fois que je viens.

— Alors je vais sortir à l'extérieur et vous attendre, si vous n'êtes pas loin.

— Très bien.

Sylphide marcha et aperçut tout à coup le serveur. Elle lui fit signe et il lui confirma d'un hochement de tête qu'elle était bien au bon endroit. Il l'accompagna jusqu'à l'intérieur. Malheureusement, il était maintenant 19 h 30. Elle était en retard pour son rendez-vous avec Steve. Qu'allait-il penser d'elle ? Pendant ce temps, Steve, qui était très élégant, attendait. Il était même arrivé une demi-heure à l'avance, trop impatient de la revoir. Il s'apprêtait à partir, croyant que cette jolie femme lui avait posé un lapin et qu'elle s'était moquée de lui lorsqu'elle avait accepté le rendez-vous. Sylphide arriva finalement à la table. Lorsque Steve la vit apparaître, il en oublia l'heure tardive. Il était subjugué par sa beauté, et si heureux qu'elle soit là que le reste n'avait plus d'importance. Après s'être excusée, Sylphide lui raconta l'histoire du numéro civique, essayant de justifier son retard, sans toutefois lui parler de tous les changements de vêtements qui avaient aussi contribué à ce retard.

Il se leva, lui embrassa la main et lui dit :

— Sylphide, vous êtes splendide.

C'était la première fois qu'il la voyait sans son costume de serveuse. Ce fut le coup de foudre. Il recula sa chaise, attendit qu'elle s'assît et prit place à son tour. Sylphide le trouva attentionné et galant, comme bien peu d'hommes le sont de nos jours. Elle était si heureuse.

L'éternité était sur nos lèvres et dans nos yeux,
la félicité, dans l'arc de nos sourcils.

(Antoine et Cléopâtre, I : III)

Sylphide avait les jambes qui tremblaient sous la table tellement Steve lui faisait de l'effet. Elle n'osait pas prendre une gorgée du verre d'eau placé devant elle, de peur qu'il ne remarque sa nervosité. Ce restaurant italien était charmant. Les lumières étaient tamisées. Des bougies disposées sur les tables créaient une ambiance fort romantique. Un violoniste jouait et un autre homme chantait des airs qui se mariaient très bien avec le décor.

Sylphide regardait l'homme devant elle en se disant que ces instants étaient magiques, qu'elle aimerait bien pouvoir arrêter le temps afin que ce moment dure toute la vie et que le piédestal où elle voyait Steve ne s'écroule jamais. Il était si beau, si parfait. C'était l'homme de ses rêves. Est-ce que cela allait durer jusqu'à demain ? Ou peut-être bien jusqu'à la mort ? Comment pourraient-ils garder ce désir et cette passion mutuels des premiers instants toute leur vie et éviter que ces moments ne se détériorent et ne se transforment en disputes et déceptions, comme cela arrive souvent dans les histoires d'amour ?

Sylphide entendit soudain les paroles de sa mère surgir à son esprit : « Sylphide, cesse d'être défaitiste, ne juge pas trop vite, laisse le temps décider, les hommes ne sont pas tous les mêmes. » Elle se sentait bien, heureuse, et en même temps effrayée par ce sentiment nouveau qui lui faisait faire un pas vers l'inconnu et l'irraisonné. Rien d'autre au monde n'existait qu'eux. Son cœur battait vite, la cadence de sa respiration augmentait... Elle avait l'impression que c'était la première fois dans l'histoire de l'humanité que quelqu'un vivait ce sentiment amoureux. Soudain, elle comprit comment on peut se sentir lorsqu'on rencontre le véritable amour sur son chemin. Cela était si enivrant et si rarissime. Elle comprenait enfin toutes ces histoires d'amour qu'elle avait lues et qui lui paraissaient auparavant irréalistes. Steve était l'homme qui venait de lui apprendre ce que signifiait le mot amour, et elle découvrait que c'était la plus belle et la plus forte émotion que le monde eût enfantée.

Mais je le sens, je le sais, sûrement, entre nous deux, quelque chose est commencé ! Sûrement, c'est aujourd'hui, car me voici trop contente. C'est aujourd'hui ce départ que j'attendais. Que j'attendais !

(Charles Vildrac)

Elle décida alors de vivre et de savourer ce moment, peu importe sa durée, puisque présentement, il était là.

Ils discutèrent pendant un long moment, se racontant leurs vies.

— Dites-moi, c'est un très joli nom, Sylphide, mais ce n'est pas d'origine québécoise. Êtes-vous née au Québec ?

79

— Oui, je suis née au Québec. Les ancêtres de mon père et de ma mère sont venus au Québec il y a environ une douzaine de générations, au XVIIe siècle, à peu près à la même époque que Marguerite Bourgeois. Les ancêtres de mon père étaient de Salon-de-Provence, une petite ville du midi de la France, et ceux de ma mère, de Normandie. Mais mon prénom n'a rien à voir avec ça. Ma mère était une passionnée de la mythologie celtique et gauloise. Lorsque je suis née, elle décida de me donner un nom de déesse, car j'étais sa petite princesse. Elle choisit donc le nom de Sylphide, qui signifie « génie aérien féminin plein de grâce ».

— Votre mère est très sentimentale, à ce que je vois. C'est charmant. Depuis combien de temps travaillez-vous au restaurant ?

— Depuis trois ans.

— Aimez-vous ce travail ?

— Non, mais je dois le faire pour gagner mon pain.

Sylphide demanda à Steve s'il avait des enfants.

— J'aurais bien voulu. Dès le début de mon mariage, j'avais fait savoir à ma femme que j'aimerais en avoir. Mais comme elle était assistante de la rédactrice en chef du mensuel *Femme d'abord* et aspirait à en devenir la rédactrice en chef, elle m'avait répondu à l'époque que les enfants, ce serait pour plus tard. Elle ne voulait pas compromettre sa carrière. Les années ont passé, puis il y a eu son cancer, donc nous n'en avons jamais eu.

Sylphide craignait de dire à Steve qu'elle était mère, de peur qu'il ne s'intéresse moins à elle, puis elle décida qu'il valait mieux mettre les cartes sur table tout de suite, car de tout manière il finirait par l'apprendre.

— Moi, j'ai deux enfants. Jonathan, 12 ans, et Sara, 9 ans.

À sa grande surprise, Steve lui répondit :

— Je le savais. Votre collègue de travail, Sandra, m'en avait déjà informé. Vous savez, je me suis toujours dit, après la mort de ma femme, que si jamais je tombais en amour une autre fois, j'aimerais bien que cette personne ait déjà des enfants à peu près de l'âge de ceux que j'aurais pu avoir au début de mon mariage. J'adore les enfants, mais à mon âge, je n'aurais plus la patience de recommencer à zéro avec les couches et les biberons.

Sylphide était soulagée par cette réponse, parce qu'il n'était pas possible pour elle d'envisager une relation amoureuse dont ses enfants seraient exclus. Son futur amoureux ne devait pas seulement tomber en amour avec elle, mais aussi avec ses enfants, sinon toute relation serait impossible. Le bonheur de ses enfants était à ses yeux primordial. Elle était heureuse de voir qu'avec Steve, c'était possible.

L'amour entre deux êtres ne peut exister que lorsque deux solitudes se rapprochent, se reconnaissent et se protègent mutuellement.

(Han Suyin)

Ils discutèrent un long moment de tout et de rien en sirotant leur verre de vin. Sylphide avoua à Steve qu'elle irait voir un psychanalyste à raison de deux fois par semaine, se demandant bien ce qu'il allait en penser.

— Ah ! C'est excellent. La psychanalyse permet de voir plus clair à l'intérieur de nous. Cela demande beaucoup de patience, car les résultats ne sont pas toujours immédiats, mais si nous sommes patients, la récompense est grande. C'est un des meilleurs moyens, à mon avis, pour grandir en tant qu'individu et apprendre à se connaître soi-même. J'ai moi-même eu recours à un psychanalyste pendant six ans. Il m'a beaucoup aidé.

Sylphide commençait à croire qu'ils étaient vraiment faits l'un pour l'autre.

L'amour nous commande de faire un pas dans l'inconnu et nous y soutient.

(Odile Dormeuil)

Steve lui demanda ce qui lui avait donné l'idée de consulter un psychanalyste. Sylphide était hésitante; elle n'allait tout de même pas lui avouer que sa mère l'avait envoyée voir un psychiatre, et que c'était celui-ci qui lui avait suggéré de consulter un psychanalyste. Qu'allait-il penser d'elle ?

Tu peux être déçu de trop faire confiance, mais tu vivras dans les tourments si tu ne fais pas assez confiance.

(Frank Crane)

Sylphide avait déjà pris plusieurs verres de vin. Elle avait tant besoin de parler à quelqu'un. Elle pensa : « Tant pis si je fais une erreur en le lui avouant, c'est une bonne façon de voir s'il tient vraiment à moi. »

Elle décida donc de lui raconter toute l'histoire. Il l'écoutait attentivement sans dire un mot et semblait très surpris. Lorsqu'elle eut terminé, Steve lui répondit :

— Je connais très bien ce problème. Ma femme avait le même.

— C'est vrai ?

— Oui.

Il lui posa une série de questions (il était médecin après tout) et lui confirma que, selon lui, c'était bien cela.

— Mais qu'est-ce que j'ai ! Je veux savoir !

— Quand vous êtes dans cet état dépressif, est-ce que quelquefois vous souffrez aussi d'insomnies ? Ressentez-vous une grande fatigue ?

— Oui. Mais qu'est-ce que c'est ?

— C'est ce qu'on appelle le SPM.

— Et qu'est-ce que c'est, le SPM ?

— C'est le syndrome prémenstruel.

— Le syndrome prémenstruel, seulement ça ! Mais c'est causé par quoi exactement ?

— Ce syndrome est lié pour la plus grande part à la libération hormonale qui survient au cours du cycle de la femme. Le SPM apparaît après l'ovulation, pendant la deuxième partie du cycle, alors que les ovaires sécrètent des estrogènes et de la progestérone. Si ces deux hormones sont en déséquilibre quantitatif l'une par rapport à l'autre, des symptômes apparaissent et influencent aussi le côté psychologique en agissant sur les centres nerveux, en particulier sur l'hypothalamus, ce qui modifie ainsi toute la chaîne hormonale.

— Comme vous connaissez beaucoup de choses... Vous m'épatez. J'avais déjà entendu parler vaguement de ces symptômes, mais je n'étais pas au courant de tout ça.

Sylphide ne cessait de le questionner.

— Y a-t-il beaucoup de femmes qui ont ce problème ? Et qu'est-ce qu'on peut faire ?

— Oui, malheureusement, de 70 % à 75 % des femmes ont ce problème. Dans les années 80, les gynécologues prescrivaient un traitement à base d'hormones. Ces produits étaient efficaces contre la plupart des manifestations physiques et psychologiques du SPM. Ils procuraient un réel mieux-être, même s'ils pouvaient provoquer des réactions secondaires. C'est ce que ma femme prenait à l'époque. Par contre, maintenant, la plupart des gynécologues ne prescrivent plus d'hormones, ou très rarement. Parce qu'on ne sait plus. Certaines études ont démontré que ces hormones pouvaient causer le cancer, surtout après l'âge de 35 ans. Et c'est dommage, car les hormones étaient vraiment efficaces, et les femmes qui en prenaient avaient une meilleure qualité de vie.

— Mais aujourd'hui, que font les femmes avec ces problèmes ?

— Certaines n'en sont pas trop affectées et décident de ne rien faire, attendant impatiemment la fin du cycle menstruel, et celui de la ménopause. Pour celles qui ne sont pas aussi patientes, les médecins prescrivent parfois des Novofluoxetines, ou un équivalent. Par contre, ceux-ci ne règlent que les cas de déprime, contrairement aux hormones qui, elles, agissaient autant sur le plan physique que psychologique. Mais pour le moment, il n'y a rien de mieux. La difficulté, c'est que la plupart des femmes ne se plaignent jamais. Les femmes n'avaient même pas le droit de voter au Québec il y a environ soixante ans, alors encore moins de parler de leurs petits problèmes ! Si les femmes se plaignaient davantage et en parlaient plus ouvertement, alors peut-être que les compagnies pharmaceutiques en feraient une priorité et finiraient par trouver un moyen de régler cette problématique une fois pour toutes, et ce, sans danger pour la santé de la femme.

— Mais qu'est-ce que c'est, les Novofluoxetines ?

— C'est l'équivalent de ce que les gens appellent le Prozac, ou la pilule du bonheur.

— Mais c'est un antidépresseur ! Ça peut causer une dépendance physique !

— Oui, c'est un antidépresseur, mais il fait partie de la nouvelle génération. Il n'y a plus de dépendance physique avec ceux-ci. Le problème a été réglé. De plus, les gens qui sont vraiment en dépression, on leur prescrit une dose d'environ 80 mg par jour, tandis que pour le SPM, on prescrit de 10 à 20 mg par jour. Cependant, cela peut prendre de quatre à huit semaines avant de ressentir tous les bienfaits de ce médicament.

— J'aimerais trouver une solution à ce problème, moi aussi, et ainsi avoir une meilleure qualité de vie. Je le mérite bien. De plus, je crois que la beauté et le bien-être intérieurs, c'est aussi important. Les femmes dépensent des fortunes en cosmétiques pour prendre soin de leur apparence physique, mais se privent trop souvent lorsqu'il s'agit de leur beauté intérieure. Comme le disent les publicités de L'Oréal, *vous le valez bien !*

— Vous avez tout à fait raison.

— J'ai entendu dire que certains produits naturels seraient bons pour prévenir les symptômes du SPM, comme l'huile d'onagre ou de bourrache ?

— Vous savez, Sylphide, je suis médecin, je ne crois donc qu'à ce que l'on peut me prouver scientifiquement et non aux suppositions. Alors peut-être est-ce efficace, ou peut-être pas. Si des études étaient faites et démontraient l'efficacité de ces produits, j'y croirais; mais, pour le moment, ce ne sont que des hypothèses.

— Mais certaines femmes affirment que c'est vraiment efficace.

— Oui, mais nous ne pouvons nous fier à ça.

— Mais pourquoi ?

— Pour deux raisons. La première est ce qu'on appelle l'effet placebo.

— Qu'est-ce que l'effet placebo ?

— Plusieurs recherches ont prouvé que certaines personnes, lorsqu'elles prennent un médicament, sont si convaincues qu'elles vont guérir que cela agit sur leur esprit, et elles guérissent vraiment, même si le médicament qu'on leur administre ne contient aucun élément actif et n'est qu'un bonbon.

— Des recherches ont vraiment démontré ça ?

— Effectivement. C'est d'ailleurs ce phénomène qui nous a fait découvrir qu'une bonne partie de la guérison d'un individu résidait dans la foi et la volonté psychologique de celui-ci de guérir. Quelquefois même, nous arrivions à soigner un malaise et, dès ce moment, un autre symptôme apparaissait chez l'individu. Ce qui nous a permis de mieux comprendre les maladies psychosomatiques.

— Étonnant ! Et quelle est la deuxième raison ?

— C'est que souvent, nous désirons tellement régler un problème que nous nous faisons croire inconsciemment qu'il est réglé, afin de nous en libérer et de soulager notre esprit qui n'arrive pas à trouver la solution.

— Pourquoi ceux qui vendent ces produits naturels, telle l'huile d'onagre ou de bourrache, ne font-ils pas des recherches scientifiques s'ils croient qu'ils sont efficaces ?

— C'est parce qu'ils n'en sont pas si sûrs.

— Et ils les vendent quand même aux gens en laissant sous-entendre que c'est vraiment efficace ?

— Oui, malheureusement. Il faudrait parfois redéfinir les limites du système capitaliste, puisque certains individus ont peu de conscience et que tout ce qui compte pour eux, c'est le profit.

— Mais peut-être que s'ils faisaient des recherches, ils découvriraient qu'ils sont efficaces ?

— Je doute qu'ils poussent les choses plus loin. Premièrement, c'est très coûteux, et deuxièment, les compagnies de produits naturels font des affaires d'or présentement, qui se chiffrent en millions et même en milliards de dollars. Alors il vaut mieux continuer ainsi, et laisser croire aux gens que cela marche.

— Mais si ça marchait vraiment, et qu'on en avait la preuve scientifique, ces gens-là feraient encore plus d'argent.

— Effectivement. Mais avez-vous pensé à combien s'élèveraient leurs pertes financières si les études démontraient l'inefficacité de ces produits ? Ils n'en vendraient plus du tout. Donc, il est préférable de garder les gens dans l'ignorance.

— Ce n'est pas toujours facile d'essayer de s'y retrouver à travers tout ça.

— Vous avez raison. Il y a quand même de l'espoir pour les produits dits naturels. J'ai justement été invité à une conférence donnée par la compagnie General Nutrition Corp., à Pittsburgh aux États-Unis, qui aura lieu d'ici quelques mois, et qui portera sur les bienfaits du DHEA pour équilibrer le système hormonal autant chez l'homme que chez la femme. Peut-être que ce produit est efficace puisqu'ils osent nous montrer le résultat de leurs recherches.

— Qu'est-ce que c'est, le DHEA ?

— Ce produit est d'origine naturelle. Son nom scientifique est le dehydroépiandrostérone. C'est une hormone, l'hormone la plus abondante que l'on puisse trouver dans l'organisme, autant chez l'homme que chez la femme. L'organisme transforme le DHEA en d'autres hormones selon ses besoins, soit en œstrogène, soit en progestérone ou en testostérone. Cette hormone est aussi dite constructive, car elle construit de nouvelles cellules.

— Est-ce que le monde scientifique connaît cette hormone ?

— Bien sûr. L'Allemand Adolf Butenandt a été le premier à isoler le DHEA, en 1931. Il a reçu le prix Nobel de chimie en 1939. Ensuite, en 1958, Max Fernand Jayle, professeur de biochimie à la Faculté de médecine de Paris, montra la chute du taux de DHEA au cours du vieillissement. Un de ses élèves, le professeur Étienne-Émile Beaulieu, découvrit en 1960 que le DHEA était une hormone anti-âge fabriquée par les surrénales. Celui-ci, qui s'est récemment intéressé de nouveau au DHEA, est appelé en France « le découvreur national », car ce produit est très apprécié là-bas. Toutefois, contrairement aux États-Unis, il faut une prescription médicale pour s'en procurer.

Enfin, le taux de DHEA varie dans l'organisme avec l'âge. À la naissance, il est très important, puis il chute brutalement jusqu'à l'âge de 7 ans. Ensuite, il augmente constamment jusqu'à l'âge de 25 ans pour finalement diminuer progressivement. On dit que la longévité serait directement reliée au taux personnel de DHEA.

— Et qu'en pensent les médecins qui ont travaillé avec cette hormone ?

— Ils disent qu'il faut être prudent, que l'on ne connaît pas tous les effets secondaires. Mais souvent ils en prennent eux-mêmes tous les jours, et n'hésitent pas par contre à prescrire des produits « chimiques » dont ils ne connaissent pas non plus tous les effets secondaires. Serait-ce parce que le DHEA fonctionne vraiment et qu'ils préfèrent garder le secret de jouvence pour eux ? Ou est-ce la pression des compagnies pharmaceutiques qui désirent cacher les bienfaits de ce produit qu'elles ne fabriquent pas ?

— Mais, est-ce que c'est efficace ?

— Je ne le sais pas encore. Tout ce que je sais, c'est que la vente de ce produit a été autorisée aux États-Unis et en France, mais qu'elle ne l'est pas encore au Canada. Est-ce parce que le Canada n'a pas terminé ses recherches ? Serait-ce pour des raisons politiques ou financières ? Car si ce produit était vendu sans ordonnance et distribué par les entreprises d'aliments naturels, cela ne conviendrait sûrement pas aux compagnies pharmaceutiques. Je sais aussi que plusieurs personnes traversent la frontière tous les mois pour s'en procurer. Il vaudrait mieux, quand même, que ces gens en parlent à leur médecin, qui connaît sans doute ce produit même s'il n'est pas en vente au Canada. En général, on prescrit aux femmes de 25 à 50 mg par jour et aux hommes, de 50 à 100 mg par jour. Il faut quand même être prudent car il y a certaines contre-indications.

— C'est très intéressant.

— Vous savez, Sylphide, j'aime travailler à comprendre le fonctionnement du corps humain, et collaborer à l'amélioration de la condition de l'homme par mes recherches. Le corps humain est une machine d'une ingéniosité incroyable, surtout celui de la femme car il peut procréer. C'est comme si tout avait été élaboré avec un plan minutieux pour la survie de notre race. Comme si les femmes étaient poussées par la nature à procréer sans cesse. Lorsqu'elles sont enceintes, elles se sentent mieux et lorsqu'elles n'enfantent pas, elles éprouvent des problèmes physiques et psychologiques. Vous savez, les femmes étaient presque des saintes à l'époque, alors que les moyens de contraception n'existaient pas. Elles devaient vivre grossesse après grossesse pendant toute leur période de fertilité sous la menace de l'Église qui les condamnait à l'enfer si elles osaient essayer d'empêcher la famille. Au bout du compte, elles se retrouvaient avec une dizaine d'enfants. Ça ne devait pas être très facile pour elles.

— C'est vrai, vous avez bien raison, ces femmes étaient très courageuses. Je crois que je préfère lutter un peu contre la nature plutôt que de me retrouver avec une dizaine d'enfants. Je n'ai pas leur force ni leur courage.

— Vous savez, Sylphide, elles ne l'avaient peut-être pas, elles non plus. Elles n'avaient pas le choix. C'était l'époque. Vous auriez probablement fait la même chose, vous aussi. Vous n'auriez pas eu le choix.

Steve ajouta en riant :

— À moins que vous ne soyez devenue religieuse.

Soudain, Sylphide regarda autour d'elle et vit qu'il n'y avait plus qu'eux dans la salle et que les serveurs commençaient à faire les gros yeux. Elle dit alors à Steve qu'il valait mieux qu'ils s'en aillent avant de se faire mettre à la porte. Steve lui répondit :

— Vous avez raison. J'étais tellement en bonne compagnie que je n'ai pas vu le temps passer.

Ils quittèrent le restaurant. Steve offrit à Sylphide d'aller la reconduire. Sylphide le remercia, mais préférait prendre un taxi. Il lui fit savoir qu'il aimerait bien la revoir. Elle répondit qu'elle aimerait beaucoup le revoir, elle aussi.

— C'est très bien. Je vous appellerai. Oh ! Peut-être que, la prochaine fois, vous pourriez me présenter vos enfants ? Je suis impatient de les rencontrer. Qu'aiment-ils ? Qu'est-ce qui leur ferait plaisir ? Pensez-y et vous me ferez part de vos suggestions lorsque je vous appellerai.

— Très bien.

— Par contre, je ne pourrai pas vous rappeler avant environ six semaines, car je dois partir en

Europe pour donner des conférences et faire de la promotion pour la sortie de mon livre.

— Vous avez écrit un livre ?

— J'en ai écrit plusieurs qui s'adressent surtout au monde médical. Après la mort de ma femme, j'ai fait des problèmes féminins mon cheval de bataille.

— Ah ! C'est pour ça que vous êtes si bien renseigné sur le sujet ?

— Effectivement.

Steve raccompagna Sylphide jusqu'au taxi. Il lui donna un baiser sur la main et lui dit combien il la trouvait merveilleuse et avait hâte de la revoir dans six semaines. Et il ajouta en riant : « À moins que vous ne m'accompagniez ? »

Sylphide répondit que c'était très gentil... peut-être une autre fois.

Sylphide, heureuse, repartit chez elle. Elle était en admiration devant cet homme si bon de s'occuper du sort des femmes.

À peine était-elle rentrée que le téléphone sonna. Elle courut répondre, se doutant que c'était probablement sa mère.

— Maman, tu pourrais me laisser le temps d'arriver.

Oups ! Ce n'était pas elle...

Une voix magnifique lui dit :

— Sylphide, c'est vous ?

— Oui, c'est bien moi. Je suis désolée, je croyais que c'était ma mère.

— Je voulais simplement vous remercier encore une fois d'avoir partagé avec moi ces moments qui furent si délicieux. C'est la plus belle soirée que j'aie eue depuis fort longtemps. Il est peut-être un peu tôt pour vous le dire, mais je crois que je vous aime bien et que vous allez me manquer.

Sylphide, flattée, ne sachant trop quoi répondre, le remercia d'être si attentionné avec elle et lui dit qu'elle avait hâte de le revoir elle aussi.

Il était tard et ils se laissèrent sur ces mots. Le téléphone sonna à nouveau dès qu'elle eut raccroché. Elle répondit d'une voix langoureuse, croyant que c'était Steve qui rappelait.

— Bonsoir !

Oups ! Cette fois-ci, c'était bien sa mère.

— Mon Dieu, Sylphide, tu as une drôle de voix.

— Ah ! C'est toi, maman ?

— Mais qui veux-tu que ce soit à cette heure-là ? Allez, raconte-moi tout.

— Oh là là ! Ce serait trop long. Une autre fois… Je dois aller chercher les enfants tôt demain matin pour les emmener à l'école, et je travaille en fin de journée. De plus, je suis très fatiguée.

— Non, non, je veux tout savoir et tout de suite. Repose-toi demain matin. J'irai reconduire les enfants à ta place.

— Bon, c'est gentil. Dans ce cas je te raconte les moindres détails. C'était si magique, et tu sais quoi, maman ?

— Non, dis-moi.

— Je crois que je suis amoureuse.

— Fantastique ! Raconte-moi tout…

16

*L*e matin suivant, dès que les enfants furent partis pour l'école, elle appela à son travail pour dire qu'elle prenait deux jours de congé. Elle commença la préface de son livre ainsi :

Si de ne point me résigner à vivre dans un monde limité rempli de mensonges et d'imperfections, en subissant les effets des causes créées par d'autres avant nous, est de la folie...
Si de vouloir tenter de pousser notre cause vers un monde illimité de vérité et de perfection, et ainsi en changer les effets, est de la folie...
Alors je suis folle !

Elle créa ensuite ses personnages, des lieux et tout le blablabla, comme son conseiller le lui avait suggéré. Ensuite elle alla chercher *Le Livre de la Vérité* pour en continuer la lecture.

— Regardez, j'ai réussi ! J'ai commencé à écrire, dit-elle à son conseiller.

— Félicitations, Sylphide ! C'est très bien. Maintenant tu devras noter toutes les expériences que nous vivrons ensemble.

— Très bien.

— Alors poursuivons, maintenant. Sylphide, tu devras apprendre à transformer le plomb en or avec l'aide de la pierre philosophale, comme le faisaient les alchimistes.

— C'est fantastique ! Je vais apprendre à faire ça ?

— C'est exact.

Sylphide se disait : « Enfin, je vais devenir riche. Fini, les problèmes financiers et le travail de serveuse. »

— Mais, comment dois-je faire ? Je n'y connais rien en science.

— Ne t'inquiète pas, tout ira bien. Voici un morceau de plomb, un d'or, et la pierre philosophale. Tu vas t'acheter un livre de base en science et tu trouveras la signification de chacun des mots suivants dans le dictionnaire : comment, changer, plomb, en, or, pierre et philosophie.

— Mais je sais ce que ces mots veulent dire !

— Fais ce que je te dis et reviens me voir lorsque tu auras trouvé.

— Très bien.

Sylphide alla s'acheter un livre de science, *Le nucléaire de l'énergie dans la matière*. Elle étudia sérieusement, impatiente de trouver de quelle façon elle pourrait transformer le plomb en or et devenir très riche. Elle apprit le tableau périodique des éléments. Le plomb était le numéro 82 du tableau périodique, tandis que l'or était le numéro 79. Elle comprit qu'il était possible de désintégrer des éléments du tableau en les transformant en des éléments différents à l'aide des rayons alpha ou bêta. Le plomb possédait 82 protons et 82 électrons. Comment pouvait-on les réduire à 79 protons et 79 électrons, qui sont les propriétés de l'or ? Elle travailla presque jour et nuit.

Cela faisait maintenant trois jours qu'elle n'était pas allée travailler et elle avait demandé à sa mère de prendre soin des enfants pour une semaine. Le téléphone sonna. C'était le patron du restaurant.

— Écoute, Sylphide, tu es complètement irresponsable. Tu n'es pas rentrée au travail depuis plusieurs jours. On a engagé quelqu'un d'autre. Tu es congédiée.

— Je suis désolée, monsieur. J'avais besoin d'un peu de temps.

— Ce ne sont pas mes affaires.

Et il raccrocha.

Sylphide, déconcertée, se remit immédiatement au travail en espérant trouver la solution. Après plusieurs nuits blanches, elle n'avait toujours pas trouvé. Découragée, elle se prépara une tisane. Pendant qu'elle buvait, elle lut dans son livre *La méthode expérimentale, ce n'est pas sorcier.*

Elle se dit : « Je ne m'y prends peut-être pas de la bonne façon. En premier lieu, il faut faire une observation, ensuite, formuler une hypothèse, en troisième lieu, procéder à une expérience et enfin en tirer une conclusion. Oui, c'est ça. Il faut disséquer chaque mot, comme me l'avait suggéré mon conseiller, afin de pouvoir faire une observation. » Sylphide alla chercher le dictionnaire et commença :

Comment : *de quelle manière, par quel moyen, chercher le pourquoi et le comment : chercher la cause et le mécanisme d'un fait, d'une chose.*

Changer : *céder, remplacer, abandonner, convertir, faire subir une modification, rendre autre ou différent.*

Plomb : *métal très dense d'un gris bleuâtre, mou, facilement fusible, se laissant bien travailler et laminer, ne pas avoir de plomb dans la cervelle, dans la tête, être léger, étourdi.*

En : *pronom représentatif d'une chose, indique le lieu d'où l'on vient, la provenance, l'origine.*

Or : *métal jaune brillant et inaltérable, métal précieux par excellence. « Celui qui cherche l'or doit d'abord s'oublier soi-même; il doit devenir un autre. » « L'or aveugle et aliène. »* (Le Clézio) *Symbole de richesse, le pouvoir de l'or, valoir son pesant d'or, parler d'or, dire des choses très sages, un cœur d'or, un esprit d'or.*

Pierre : *matière minérale solide et dure, cette matière servant à construire, pierre à pierre : progressivement, poser la première pierre : être le fondateur, l'initiateur d'une œuvre.*

Philosophe : *personne qui s'adonne à l'étude rationnelle de la nature et de la morale, « le philo-*

sophe est lamaïste de la sagesse et de la vérité » (Voltaire). **Philosopher :** *penser, raisonner.* **Philosophie :** *connaissances, élévation de l'esprit, ensemble des études, des recherches visant à saisir les causes premières, la réalité absolue ainsi que les fondements des valeurs humaines.*

Elle relut encore et encore ces définitions afin de pouvoir formuler une hypothèse et, tout à coup, elle eut un éclair de génie. Elle se rendit compte qu'il fallait aborder cette expression de manière philosophique et non physique. Elle décida donc d'en faire l'expérience et essaya de trouver un sens philosophique à tout cela.

(Comment) : *chercher le pourquoi et le comment des choses.* (Changer) : *convertir, modifier.* (Plomb) : *esprit de plomb léger et étourdi.* (En) : *lieu d'origine.* (Or) : *ce qu'il y a de plus précieux.* (Pierre) : *construire de manière solide et sûre.* (Philosophie) : *sagesse, vérité, connaissances et élévation de l'esprit.*

Sylphide était un peu déçue mais très heureuse, car même si elle n'était pas plus riche monétairement, elle se sentait beaucoup plus riche qu'auparavant de sagesse.

Il ne restait maintenant qu'à en tirer la conclusion : « Il est vrai que dans la vie, tout vient, tout va et tout s'en va; l'argent, la beauté, la santé, la jeunesse, les amours, les amis, un jour, peuvent s'envoler. De tout cela, rien n'est vraiment durable. La seule chose que nous gardons à tout jamais, c'est la connaissance et la sagesse acquises, l'élévation de notre esprit, notre développement personnel. Je vais donc essayer de construire mon avenir sur des bases solides et tenter de transformer mon esprit de plomb en esprit d'or, car c'est la seule chose qui me suivra pour le meilleur et pour le pire. »

17

*S*ylphide, excitée, se réveilla à cinq heures du matin. Elle était impatiente d'aller tout raconter à son conseiller.

— C'est très bien, Sylphide, je suis fier de toi. Est-ce que tu as tout écrit dans ton livre ?

— Oui, j'ai tout noté comme vous me l'aviez demandé.

— Alors, continuons, hum ! Comment vais-je poursuivre ? Dis-moi, Sylphide, est-ce que l'expression suivante, *connais-toi toi-même et tu connaîtras le monde*, te dit quelque chose ?

— Oui, j'ai déjà entendu ça.

— Et qu'est-ce que ça signifie pour toi ?

— Qu'il faut apprendre à se connaître soi-même et ensuite on connaîtra mieux les autres.

— Parfait. Mais dis-moi, Sylphide, est-ce que tu penses bien te connaître ?

— Bien sûr, je me connais très bien !

— Désolé de te décevoir, mais tu te trompes. Tu ne te connais pas, mais pas du tout... Comme la plupart des gens.

— Je ne comprends pas, j'avais l'impression de bien me connaître.

— Combien crois-tu que tu as d'essences différentes à l'intérieur de toi qui font partie intégrante de ta personnalité, et de celles de tous les hommes ?

— Une seule.

— Tu te trompes. Il y a sept essences et cinq *supra*.

— Mais c'est impossible !

— Ton prochain travail sera de les découvrir. Même si c'est difficile à comprendre, tu peux y parvenir, comme tous les hommes le peuvent. C'est le seul moyen d'arriver à trouver la vérité : découvrir cette force intérieure incomparable qui permet de déplacer les montagnes. Et ainsi tu trouveras un trésor d'une richesse et d'une beauté incomparables. Ce trésor se cache à l'intérieur de toi et de chacun des hommes. Cela t'apportera la paix et le bonheur intérieurs. C'est cela finalement que chaque homme recherche au fond de lui-même, mais il ne le sait pas. C'est ce manque qui crée une insatisfaction, malgré la richesse, le succès... Les gens ont l'impression d'un vide, d'un manque. Ils cherchent quelque chose, mais ne savent pas quoi, ni où le chercher. Alors ils cherchent partout et parfois très loin, dans l'alcool, la drogue ou le jeu. Ils recherchent cet état de bien-être qu'ils ont en mémoire quelque part dans leur cœur, mais sans penser à regarder à l'intérieur d'eux. Plusieurs y sont déjà parvenus, alors pourquoi pas toi ? Ne cherche pas ailleurs qu'à l'intérieur de toi, et solitairement. Toutes les réponses à tes questions s'y trouvent. De plus, c'est un travail qui doit s'effectuer seul et à son rythme. Personne ne peut t'aider mieux que toi-même. Le plus difficile est probablement d'affronter le fait qu'on est la seule personne responsable de sa vie. De réaliser que l'on doit arrêter de chercher l'amoureux, ou la bonne fée qui, d'un coup de baguette magique, réglera tous nos problèmes. Ceci n'existe que dans les contes pour enfants. Sylphide, cesse de croire aux contes de fées et grandis. Ne fais pas comme la plupart des hommes qui restent toute leur vie d'éternels adolescents. Évolue, prends ta vie en main. Arrête de croire que tes parents, tes patrons, Dieu ou les gouvernements sont responsables de tes malheurs. Tu es la seule responsable et, de plus, tu es la seule qui puisse y changer quelque chose. Il y a quelque chose que tu n'aimes pas ? Alors change-le et cesse de te plaindre. Agis, prends tes responsabilités. Le premier pas vers la découverte de soi-même est d'accepter que l'on soit le seul maître de sa vie. C'est un peu dur pour l'ego de s'apercevoir qu'on est la seule personne responsable de ses erreurs et d'admettre qu'on en a souvent commis. Mais c'est par celles-ci qu'on grandit. Elles font partie intégrante de la vie et de la vérité. Sans elles, aucune évolution ne serait possible, alors accepte l'erreur et grandis avec elle.

Sylphide écrivit :

Pardonnez-moi si je n'ai pas su vous aimer comme vous le souhaitiez. Mais la vie continue et je continue à aimer, alors peut-être qu'avec le temps, j'apprendrai à mieux aimer et ainsi à mieux être aimée.

— Maintenant, comment vais-je m'y prendre pour la suite, monsieur le conseiller ?

— Décroche ton téléphone, installe-toi seule dans une pièce où il n'y a pas de bruit. Allume une bougie, cela créera une atmosphère paisible. Fais brûler de l'encens au jasmin, cela facilitera ta relaxation, car les odeurs excitent les sens. Installe-toi confortablement. La plus efficace des positions est celle du bouddha. Mais cette position peut être inconfortable pour certaines personnes. Si tu ne te sens pas confortable, assieds-toi dans un fauteuil, car il est important que tu te sentes à l'aise. Ensuite, ferme les yeux, prends une vingtaine de respirations profondes en comptant cinq secondes dans ta tête à chaque étape, c'est-à-dire que tu inspires lentement (1-2-3-4-5), tu gardes l'air (1-2-3-4-5) et tu expires (1-2-3-4-5) le plus lentement et le plus profondément possible. Tu sentiras une pression sur ton ventre. Tu dois sentir ce dernier rentrer et sortir à chaque inspiration et chaque expiration. Ensuite, plusieurs idées te viendront à l'esprit. « As-tu payé le compte du téléphone ? » « N'oublie pas de faire telle ou telle chose. » Le but du jeu est de faire taire ces pensées banales et indésirables. Essaie de prendre le contrôle de ton esprit, plutôt que ce soit celui-ci qui te contrôle. Tu dois lui apprendre que c'est toi le patron, et que ces pensées doivent venir à toi seulement lorsque tu le décides, et partir quand tu leur en donnes l'ordre. Cela est très difficile, mais tu peux y arriver. Il faut que tu te concentres. Parfois tu réussiras à chasser toutes les pensées de ton esprit, puis soudain, dans un léger moment d'inattention, d'autres pensées t'envahiront. Au début, tu y parviendras pendant quelques secondes. Il faut continuer, recommencer et recommencer. Ensuite, tu y arriveras pendant quelques minutes. Il ne faut pas te décourager. Prends tout le temps dont tu auras besoin. Pour certaines personnes, cela peut prendre des semaines ou des mois; pour d'autres, des années. Mais tu dois y arriver seule et par toi-même, car c'est le seul moyen de prendre conscience de ton être, de ton moi intérieur. Pour t'aider à contrôler ton esprit, tu peux utiliser quelques trucs : te concentrer sur une forme géométrique, une couleur, ou encore, sans changer ta respiration, l'écouter, c'est-à-dire te concentrer sur celle-ci, la ressentir entrer et sortir de ton corps. Lorsque tu auras réussi à le faire pendant quinze minutes, débutera un voyage magnifique et gratuit, un voyage à l'intérieur de toi au domaine de *Je Suis,* et n'oublie pas de noter toutes tes expériences. Reviens me voir lorsque tu auras trouvé les sept essences différentes et les cinq *supra* qui font partie intégrante de toi et de tous les hommes.

— Cela me semble très difficile. Êtes-vous sûr que j'y arriverai ?

— Tu y parviendras, Sylphide, car tout le monde peut y arriver, c'est simplement que les gens ne le savent pas. Ce n'est pas sorcier.

— Bon, très bien, et merci pour tout ce que vous faites pour moi. Je reviendrai lorsque j'aurai trouvé.

— Bonne chance, Sylphide.

18

*A*près plusieurs tentatives, Sylphide parvint finalement à entrer au domaine de *Je Suis*. Elle commença à écrire :

> *Par une nuit de pleine lune et de solitude, je pris ma plume, un peu perdue dans la brume et effrayée de faire ce qui n'était pas coutume.*
>
> *Je fus conviée à un banquet majestueux au domaine de Je Suis. Cet endroit me paraissait immense et sombre. J'avais un peu l'impression d'entrer dans un sanctuaire sacré. Il y avait là beaucoup d'agitation et de pensées. Sept autres invités étaient présents. Heureuse de pouvoir enfin faire leur connaissance, j'allai à leur rencontre. J'observai le premier, monsieur Esprit. Il était tout blanc. Il ressemblait un peu à Casper, le petit fantôme. La pièce où il vivait était de couleur violette. Il était assis sur son trône d'où il semblait régner à l'intérieur de ma tête. Il se levait de temps à autre pour regarder à l'extérieur à travers mes yeux,*

afin de voir ce qui s'y passait, comme s'il regardait par une fenêtre. Je le vis aussi s'approcher de mes oreilles pour écouter ce qui se disait à l'extérieur. Il semblait maître de ce domaine, mais il était enchaîné. Il avait une très longue chaîne au pied qui ne lui permettait de se déplacer qu'à l'intérieur de cette pièce où il était prisonnier. Il me paraissait malheureux et triste. Toutes mes essences ainsi que moi-même allâmes à sa rencontre.

— Bonsoir, monsieur Esprit. Comme vous me semblez seul et triste.

— Ah ! Sylphide, c'est maintenant que vous vous décidez à vous occuper de moi et à vous apercevoir que j'existe.

— Comme le dit le dicton, *mieux vaut tard que jamais.* Je suis là, maintenant, profitez-en et dites-moi ce qui ne va pas.

— Je suis enfermé ici depuis votre venue au monde. J'étouffe et je suis malheureux car vous ne vous occupez pas de moi. Je ne peux pas m'exprimer, me réaliser, et de plus, vous ne me nourrissez pas.

— Mais comment puis-je vous nourrir ?

— Vous n'avez jamais entendu l'expression *nourrir son esprit* ?

— Oui, je comprends ce que vous voulez dire.

— Je suis monsieur Esprit. Je suis un génie. Pour moi, il n'y a aucune limite à ce que l'homme peut réaliser avec mon aide. Mais l'homme, lui, m'en impose et freine mon évolution. Moi, je ne me sens pas limité et je n'aime pas que l'on me limite et que l'on m'empêche de me réaliser, qu'on décide à ma place de ce que je peux ou ne peux pas faire. Ma vie est si banale. Je dois attendre et attendre toujours que l'homme évolue enfin, et se serve de cent pour cent de mes capacités, non de dix pour cent. Je voudrais être libre, voler, m'envoler comme un oiseau. Je voudrais m'exprimer, créer, lire, étudier, atteindre les sommets de la réalisation. Je voudrais tout savoir, tout connaître, devenir *supra* esprit. Certains y sont parvenus, pourquoi pas moi ?

— Quels esprits y sont parvenus ?

— Ceux de Mozart, de Léonard de Vinci, de Galilée, de Socrate et de bien d'autres. J'ai énormément d'ambition. J'aimerais que vous me nourrissiez un peu, que vous essayiez de solutionner des problèmes, d'inventer des choses. Cela représenterait de très beaux défis pour moi. Cela apporterait un peu d'action dans ma vie. Je vais finir par m'ankyloser à force de n'utiliser qu'une partie de mes capacités. La parole est aussi très importante pour moi. Parlez beaucoup, rencontrez des gens, discutez avec eux. J'adore les joutes d'esprit, les mots croisés et les discussions philosophiques.

— Mais pourquoi ne pas me l'avoir dit plus tôt ?

— Depuis que vous êtes née, j'essaie de vous le dire, mais vous ne m'écoutez jamais. Je vous l'ai dit des millions de fois. C'était moi, la petite voix qui vous parlait et qui vous disait, lorsque vous passiez devant une librairie : « Entre et achète un livre. » Lorsque vous passiez devant une école : « Entre et va suivre un cours. » Mais vous ne m'écoutiez pas, vous m'ignoriez. Je vous ai même punie quelquefois en vous jouant de petits tours. Je ne suis pas méchant, mais j'étais très fâché, et je voulais attirer votre attention.

— Ah oui ! Quelle sorte de tours ?

— C'est moi qui contrôle votre mémoire et parfois je m'arrange pour vous faire chercher un peu, pour que vous ne vous souveniez plus où vous avez mis vos clés ou telle autre chose.

— Ce n'est pas très gentil !

— Je m'excuse, mais c'était seulement pour attirer votre attention afin que vous vous occupiez un peu de moi.

— J'accepte vos excuses, mais ne recommencez plus. Faisons la paix, d'accord ? Devenons des amis, plutôt que des ennemis !

— Oui ! Je préférerais que nous travaillions en collaboration car, de toute manière, nous sommes liés l'un à l'autre. Nous ne pouvons pas nous séparer, alors aussi bien essayer de s'entendre.

Sylphide lui serra la main en disant :

— Bon, c'est parfait. Je suis très heureuse d'avoir fait votre connaissance. J'essaierai de m'occuper de vous, de vous nourrir un peu, d'être plus attentive à vos demandes et d'essayer de vous rendre heureux. Par contre, soyez patient et indulgent. Vous n'êtes quand même pas ma seule préoccupation. Ah ! Une dernière chose… Comment pourrons-nous communiquer lorsque je ne serai plus au domaine ? Il n'y a pas le téléphone ici ?

— Comme nous l'avons toujours fait, alors que vous n'en étiez pas consciente : par la pensée. Une petite voix retentira dans votre esprit. Si vous êtes attentive, vous l'entendrez.

— J'essaierai d'être attentive, mais j'ai souvent plusieurs pensées qui me traversent l'esprit. Comment faire pour savoir si elles proviennent de vous ?

— Je contrôle le septième point d'énergie. Il se situe en plein centre, sur le dessus de votre tête. Je peux le faire tourner. Lorsque vous voudrez savoir si une pensée qui vous traverse l'esprit provient de moi, vous n'aurez qu'à vous le demander. Si elle est mienne, je ferai tourner ce point d'énergie très rapidement pour vous le confirmer.

— C'est parfait. Maintenant je dois continuer ma route. J'ai d'autres convives à rencontrer. Ce fut un grand plaisir de faire votre connaissance. Au revoir.

— Au revoir, Sylphide.

19

*S*ylphide poursuivit sa route, impatiente de rencontrer les autres convives. Tout à coup, elle vit quelque chose d'admirable, d'une beauté incomparable. Il y avait une fontaine, un arc-en-ciel, des arbres et des fruits magnifiques. Elle avait l'impression de marcher dans le jardin d'Éden, d'entrer au paradis. Elle vit un arbre avec une inscription. Elle s'en approcha afin de pouvoir la lire. Il y était écrit : « Voici l'Arbre de Vie ». Elle aperçut 72 anges répartis en neuf groupes de huit anges, formant chacun un archange, et chaque archange constituait une énergie collective appelée Séphira. Cette énergie était elle-même soumise à une énergie supérieure. Tous les archanges réunis formaient le Monde Divin. À mesure que Sylphide pénétrait dans cet endroit, elle baignait dans une atmosphère euphorique. Des chants célestes l'enivraient. Elle se rendit compte qu'il y avait un dixième archange tout au bas de l'arbre. C'était celui qui était le plus dense. Il gouvernait la Séphira *Malkout*. Dans la *Cabale*, cet archange était appelé celui des *Ischim,* ou celui des *Âmes Glorifiées.* D'autres appelaient cet archange celui des grands sages. Il était mentionné qu'il regroupait des hommes et des femmes qui avaient effectué un grand travail sur eux-mêmes lorsqu'ils étaient sur terre, et, grâce à cela, leurs âmes avaient été reliées à nouveau à l'Arbre de Vie. Chaque hiérarchie angélique avait une fonction spécifique. L'une de ces fonctions était de transmettre à l'homme son savoir afin de le faire progresser.

Soudain, Sylphide entendit une voix résonner très fort. Elle était effrayée. Elle vit aussi une lumière blanche composée de reflets indigo. Elle regarda autour d'elle, mais ne vit personne. Elle demanda alors :

— Qui êtes-vous ? Où êtes-vous ?

— Je suis Dieu.

— Vous existez vraiment ?

— Bien sûr que j'existe. C'est moi qui vous ai créée, ainsi que tous les hommes !

— Pourquoi est-ce que je peux vous entendre et non vous voir ?

— Parce que je suis esprit et énergie. Je n'ai jamais pris corps.

— Comme je suis honorée de faire votre connaissance. J'ai tant de questions à vous poser, je ne sais par où commencer.

— Commencez par la première qui vous vient à l'esprit.

— Si l'homme sait ce qui est bien ou mal pour lui et pour la société, pourquoi ne fait-il pas en sorte que tout soit paix et harmonie dans le monde, et qu'il n'y ait plus de guerres ?

— C'est parce que l'homme n'a pas encore atteint son âge d'or... la maturité, la sagesse et les connaissances nécessaires à son épanouissement. Mais il y arrivera très bientôt. Comme le disait Socrate vers l'an 399 av. J.-C. : « Ceux qui commettent faute, injustice ou destruction de vie humaine ne le font que par manque de connaissances, car s'ils étaient conscients de ce qu'ils font, ils ne pourraient point le faire. Connaître, c'est percevoir autre chose que ce qui est perçu à la surface des eaux. La chose perçue dépend de la situation de celui qui la perçoit. »

— Comme ces paroles sont d'une grande sagesse !

— Oui. Ce sont des paroles qu'il a reçues sous forme d'inspiration de ma part. Platon, quant à lui, a écrit : « La solution au problème de la conduite et celle du problème du savoir sont liées, car de connaître, ce n'est pas seulement connaître ce qui est, c'est appréhender ce qui vaut. Il suffit de bien juger pour bien faire et un bien sans savoir n'est pas un bon savoir. »

Dans le *Nâjâh*, il est dit : « Que ce qui est considéré comme un mal pour telle personne, peut être considéré comme bien pour une autre. »

— Mais voyons, je ne comprends pas. Il est très évident quelquefois de juger ce qui est bien ou mal.

— Ah oui ! Vous croyez ? Comme quoi, par exemple ?

— C'est mal de voler.

— Il est facile de ne pas voler lorsqu'on a le ventre plein. Il n'y a à ce moment aucun mérite à ne pas le faire. Par contre, est-ce mal si un enfant qui n'a rien mangé depuis deux jours vole un fruit au marché ?

— Je comprends. Mais c'est vraiment mal de vendre son corps, c'est-à-dire de se livrer à la prostitution, non ?

— Vous croyez ?

— Oui.

— Vous vous trompez encore. Comme le disait Jésus :

« Avant de regarder la paille dans l'œil de ton voisin, regarde la poutre qui est dans le tien. » Vous avez déjà lu la Bible ?

— Oui !

— Alors vous devez savoir que même Jésus a pardonné à Marie-Madeleine, qui était une prostituée. Il a dit : « Que celui qui n'a jamais péché lui jette la première pierre. » Plusieurs femmes vivent dans des pays très pauvres, où elles se font fréquemment violer, et ce, même dès l'âge de treize ans. Dans certains pays, on ne donne même pas de prénom aux enfants avant l'âge de cinq ans, parce qu'il est rare qu'ils survivent jusqu'à cet âge. Il n'y a aucune justice dans ces endroits pour les femmes et les enfants. Il n'y a personne pour défendre leurs droits. De plus, les moyens de contraception sont difficiles d'accès ou trop chers pour les démunis. Certaines femmes se retrouvent donc monoparentales dès l'âge de 17-18 ans, avec plusieurs enfants à nourrir. Serait-ce mal alors de vous livrer à la prostitution pour pouvoir subvenir aux besoins fondamentaux de vos enfants, et ainsi éviter qu'ils ne meurent ? J'ai, au contraire, beaucoup d'admiration pour ces femmes qui vivent un enfer sur terre et qui sacrifient leur vie et leur bien-être pour que leurs enfants puissent survivre.

— Vous avez raison. Je n'avais pas envisagé la chose sous cet angle.

— Vous jugez trop vite et sans en être vraiment consciente, comme la plupart des hommes. Si l'homme veut évoluer, il se doit de corriger cette tendance à juger trop rapidement.

Un homme du nom de Khalil Gibran, né en 1883 à Bsarri (village du Liban-Nord), et qui était considéré comme un prophète, disait : « Du bien qui est en vous, je peux parler, mais non du mal, car qu'est-ce que le mal, sinon que le bien torturé par sa propre faim et sa propre soif ? En vérité, quand le bien est affamé, il cherche sa nourriture même dans de noirs souterrains, et quand il a soif, il boit même les eaux mortes. Votre bonté repose dans votre désir d'un moi géant, et ce désir est en vous tous. Par contre, que celui qui désire beaucoup ne dise pas à celui qui désire peu, pourquoi es-tu lent et hésitant ? Car celui qui est vraiment bon ne demande pas à celui qui est nu, mais où est ton vêtement, ni au sans logis, qu'est-il arrivé avec ton logis ? »

— Quelle sagesse, je suis éberluée ! Donc, si j'ai bien compris le message, il est préférable de ne pas juger, parce que nous avons beaucoup plus de chances de nous tromper que de bien juger, et que tous les hommes sont bons au fond d'eux-mêmes. Que des hommes vraiment méchants, ça n'existerait pas. Qu'il n'y a que des hommes inconscients et perturbés, sans conscience et sans connaissances philosophiques, qui, la plupart du temps, ont grandi dans des environnements malsains. Et que si tous les hommes grandissaient dans des conditions favorables, entourés d'amour, et non avec un fusil dans les mains, ils n'auraient pas ces problèmes de comportement. De plus, nous ne devons pas juger ces hommes, car si nous avions grandi dans les mêmes conditions, nous serions peut-être pires qu'eux. Et il est difficile de comprendre des cheminements que nous n'avons jamais vécus.

— Je suis heureux de voir que vous avez bien compris. Et j'espère que vous le mettrez en application dans votre vie quotidienne, même si c'est difficile... L'ego de l'homme est si fort qu'il a besoin de se faire croire que sa nationalité, sa religion, ses convictions sont les meilleures. Que lui est le gentil et que les autres sont les méchants, que lui a raison et que les autres ont tort. Le plus grand pas que l'on puisse faire vers l'évolution et la paix est de s'observer, de reconnaître que nous sommes enclins au jugement et de tenter de changer, mais, malheureusement, peu d'hommes ont assez d'humilité pour affronter cette réalité dont ils ne sont pour la plupart pas conscients.

— Pourrions-nous ainsi changer le monde si nous nous y mettions tous ?

— Bien entendu.

— Ça signifie que si tous les enfants du monde grandissaient dans l'amour et ne manquaient de rien d'essentiel, qu'on leur enseignait la philosophie, la sagesse, la connaissance et la non-violence, nous arriverions à créer un monde de paix et d'amour ?

— Cela prendrait sûrement quelques générations, mais c'est tout à fait possible. Il est facile de modeler des enfants, mais très difficile de changer des adultes qui ont des habitudes bien ancrées et un ego trop fort pour admettre qu'ils se sont trompés. Les enfants en mal d'amour d'aujourd'hui seront les tyrans en mal d'amour de demain. Ils tenteront de faire souffrir les autres autant qu'ils ont souffert. Regardez ceux qui, de par le monde, sèment la violence, remplissent nos prisons. Est-ce que ce sont des gens qui ont eu la chance d'avoir de bons parents, de ne manquer de rien d'essentiel, de faire de bonnes études ? Non. En général, ce sont des enfants qui ont été mal aimés, qui viennent souvent de milieux défavorisés. Dans certains pays, dès l'âge de 11 ans, ils partent se battre, fusil à la main. Que peuvent devenir ces enfants qui grandissent dans la violence ? Ils ne peuvent que devenir violents, peut-être même des terroristes. C'est tout ce qu'ils ont appris. Ils ne se sont pour la plupart jamais demandé si ce qu'ils faisaient était bien, car ils ne connaissent pas autre chose. Méditez sur tout cela, et écrivez-le dans votre livre.

— Merci pour tout ce que vous faites pour moi. Quel bonheur que j'aie pu prendre conscience de votre présence en moi. Mais comment ferai-je pour vous reconnaître lorsque vous voudrez me parler ? Ne contrôlez-vous pas, vous aussi, un point d'énergie ?

— Lorsque vous voudrez savoir si une pensée est de moi, vous n'aurez qu'à vous le demander. Si c'est bien moi, je ferai tourner le sixième point d'énergie, celui que certains appellent aussi le troisième œil.

— C'est très bien. Et vous savez quoi ?

— Non, dites-moi.

— Je suis fière que vous fassiez partie de moi. Vous êtes si sage et si pur... Je vous aime et j'aimerais tant vous ressembler.

— Merci à toi, Sylphide. Une partie de moi habite ton corps comme celui de tous les hommes, et je t'aime moi aussi, comme j'aime tous les hommes. Vous êtes tous mes enfants chéris. Et plus vous écouterez ma voix, à l'intérieur de vous, lorsque je vous parlerai, plus vous vous rapprocherez de la *supra* divinité.

— Mais qu'est-ce que la *supra* divinité ?

— C'est un état de bien-être euphorique, comparable à un orgasme sexuel, mais beaucoup plus fort. Cela est difficile à décrire avec des mots. Il faut le vivre pour le comprendre.

— Est-ce que certains y sont déjà parvenus ?

— Rares sont les hommes qui ont atteint ce sommet, même si cela est accessible à tous. Il faut, premièrement, décider de l'atteindre. Certains ont fait ce choix.

— Qui, par exemple ?

— Jésus, Bouddha, Mahomet, Gandhi, et bien d'autres.

— Merci, Dieu, pour tous vos conseils. Je crois que ma vie ne sera plus la même maintenant que vous m'avez ouvert les yeux et que j'ai pris conscience de votre présence. Au revoir.

— Au revoir, Sylphide.

20

*S*ylphide continua sa route au domaine de *Je Suis.* Elle vit la porte d'un bureau faite de bois d'acajou avec l'inscription : M. Conscient. Elle frappa. Un homme d'affaires vêtu d'un complet bleu marine, d'une chemise blanche et d'une cravate rouge vint lui ouvrir. Il avait tout à fait l'allure d'un politicien.

Les murs de la pièce étaient d'un bleu ciel. Sa table de travail débordante de paperasses occupait l'espace central de la pièce.

Sylphide dit à l'homme :

— Bonsoir, monsieur Conscient, je suis Sylphide. Vous n'êtes pas à la fête avec les autres ?

— Ah ! C'est vous, patronne. Je suis très content de vous rencontrer enfin. Je n'ai pas le temps de m'amuser, j'ai trop à faire. Prendriez-vous un café, un jus ?

— Non, merci.

— Rien ne va plus ici. Il était temps que vous arriviez. Il y a beaucoup de problèmes à solutionner.

Je suis un cadre dévoué, mais il ne faudrait surtout pas abuser de moi. Je ne peux pas tout faire seul.

— Comment, abuser de vous ? Je ne vous ai rien demandé.

— C'est précisément cela, le problème. Vous ne vous occupez de rien, alors je suis obligé de prendre toutes les décisions sans votre aide. Vous êtes comme ces patrons qui sont toujours en vacances, et qui laissent leurs employés s'occuper de tout et diriger leur entreprise à leur place. Certaines choses dépassent mes compétences. De plus, je ne suis pas autorisé à prendre toutes les décisions majeures. Alors parfois, je n'en prends aucune et je laisse aller les choses.

Il tournait en rond dans le bureau. Il était nerveux et anxieux.

— Calmez-vous un peu et asseyez-vous. Je vais essayer de vous aider. Procédons étape par étape, un problème à la fois, d'accord ?

— D'accord. J'ai un travail fou, je dois superviser toute la production. Si une veine est malade, j'en engage une nouvelle pour la remplacer. Si un de vos cheveux part à la retraite, je dois veiller à en former un autre. Je dois aussi séparer ce qui est réaliste de ce qui ne l'est pas. Tout repose sur mes épaules, mais il y a quand même des limites à ce que je peux ou ne peux pas faire. Remplacer des cadres majeurs de l'entreprise tels que monsieur Cœur ou madame Reins, ça, ce n'est pas possible. Si nous ne faisons rien, ils menacent de faire la grève. Voulez-vous me faire faire un infarctus ?

— Que me suggérez-vous ?

— Il faudrait que vous fassiez un bon ménage. Congédiez tous les indésirables qui courent à notre perte : madame Cigarette, monsieur Alcool, les frères Aliments trop riches ou trop gras et monsieur Tous les excitants. Ils vont me faire devenir fou.

— Mais par qui pourrions-nous les remplacer ?

— J'ai reçu par télécopieur quelques curriculum vitæ intéressants. Jetez-y un coup d'œil.

— Hum, madame Saine alimentation, monsieur Beaucoup d'eau, madame Exercice, monsieur Moins de tabac et d'alcool, les sœurs Moins de sucre et moins de gras et madame Perdre quelques kilos. Ouf ! Ce n'est pas facile, ce que vous me demandez là. Il m'en coûterait très cher de faire tous ces changements. Quels efforts ! Et à quel prix ? Je vais quand même y réfléchir et voir ce que je peux faire. Qu'y a-t-il d'autre ?

— Vous ne serez peut-être pas contente, car cela augmentera nos frais d'exploitation, mais je n'avais pas le choix. J'ai été obligé d'engager deux gardiens de sécurité 24 heures sur 24, 7 jours sur 7, pour surveiller madame Inconscient afin de l'empêcher de poser des gestes irréparables. Je dois veiller à notre protection. Je ne voudrais pas que l'on se retrouve en prison parce que cette femme est complètement inconsciente. De plus, je ne peux pas la congédier. Elle a signé un contrat avec vous. Il ne faudrait quand même pas avoir des problèmes avec la Commission des normes du travail. Je n'ai jamais compris pourquoi vous l'aviez engagée.

125

— J'ai besoin d'elle aussi, et ce serait trop long de tout vous expliquer.

— Donnez-moi les papiers, je vais vous autoriser la dépense sur-le-champ. Est-ce qu'il y a autre chose ?

— Oui, puisque c'est moi qui supervise et contrôle tout en votre absence, c'est à moi que tous les employés se réfèrent en ce qui concerne leurs tâches, leur salaire et leurs disputes. Ils pensent que plus ils crieront fort, plus ils auront la chance de me convaincre et d'avoir le dessus sur les autres afin que je fasse ce que bon leur semble. Toutes ces petites pensées que vous ne contrôlez pas pour le moment créent une cacophonie et m'empêchent d'atteindre la paix d'esprit.

— Qui sont ces personnes qui vous donnent tant de fil à retordre ?

— Monsieur Esprit, madame Inconscient, madame Âme et monsieur Ego.

— Prévoyons donc une réunion du conseil d'administration. Je vous confirmerai la date plus tard. Vous les convoquerez tous et, de par ma force d'esprit, je tenterai de les faire taire. Ils devront m'écouter. C'est moi la patronne de ce domaine, après tout. J'en profiterai pour leur annoncer que je reprends le contrôle et la direction de mon domaine. Je redéfinirai leurs tâches et la rémunération de chacun, de façon que ce soit juste pour tous et qu'il n'y ait plus de discorde.

— Ah ! Je respire enfin. Merci, patronne. Mais comment pourrai-je vous joindre lorsque vous aurez quitté mon bureau ? Si j'avais quelque chose à vous demander, cela me rassurerait de savoir que je peux vous joindre en tout temps.

— Bonne idée ! De cette façon, je pourrai régler les problèmes au fur et à mesure qu'ils se présenteront plutôt que d'avoir à les résoudre tous en même temps. Vous communiquerez avec moi, comme le font l'Esprit et Dieu, par la pensée. Ne contrôlez-vous pas un point d'énergie, vous aussi ?

— Bien sûr ! C'est celui des communications.

— Où se situe-t-il ?

— C'est le cinquième point d'énergie. Il se trouve au milieu de la gorge, à la pomme d'Adam. Je le ferai tourner très vite lorsque vous voudrez savoir si une pensée provient de moi.

— Très bien. Maintenant je dois partir !

— Non, non, attendez, j'ai une dernière chose à vous demander.

— D'accord, une dernière, mais faites vite.

— Ça me gêne un peu de vous dire cela, mais c'est mon ambition la plus profonde.

— De quoi s'agit-il ?

— J'aimerais beaucoup postuler pour le poste de *supra*-conscience. Je pourrais ainsi obtenir la clef du bureau de la conscience universelle. Il me serait possible alors de travailler dans un plus grand espace. La vue y est vraiment splendide. Vous savez, si j'avais accès à la conscience universelle, je pourrais contrôler tout ce qui est passé, présent et futur. Je pourrais aussi profiter de la magnifique bibliothèque qui renferme toute la vérité sur ce qui a existé, ce qui existe, et ce qui existera. Imaginez, patronne, tout le pouvoir que cela me donnerait. De plus, je pourrais être plus efficace pour vous aider à gérer votre entreprise, vous ne croyez pas ?

— Vous savez, vous êtes très exigeant. Mais ça va, si vous me promettez d'être dévoué et de travailler fort pendant mon absence, j'y réfléchirai. Mais n'oubliez pas qu'avec ce poste viennent aussi de plus grandes responsabilités… Ce n'est pas seulement une situation plus enviée et une meilleure rémunération. Je vous quitte maintenant. Au revoir.

— Merci patronne, et à bientôt.

21

*M*algré sa grande fatigue, poussée par la curiosité, Sylphide décida de poursuivre sa route. Elle marcha et aperçut une femme assise au bord d'un ruisseau, dans un pré tout vert. Elle était d'une pureté et d'une beauté incomparables. Elle avait le regard plein d'amour. Elle portait un grand tissu de lin blanc en guise de robe, et des sandales. C'était madame Âme. Elle chantait :

Un jour, je sortirai de l'abîme et m'envolerai vers l'absolu. Je suis une larme de plus parmi tant d'autres. J'aimerais retrouver mon océan, je me suis perdue. Pourquoi suis-je seule, et ne suis-je plus un tout ? Pourquoi ai-je été séparée des autres larmes de l'océan qui étaient mes frères et mes sœurs ? Est-ce de ma faute, est-ce mon destin ? Qui m'aidera à m'y retrouver ? Est-ce que ce sera toi, Sylphide ? Es-tu mon âme sœur ? Fais vite, je n'en peux plus. J'aimerais voler, virevolter, alors que je ne fais que tomber. Je devrais peut-

être me résigner à mon sort, mais j'ai un rêve qui dort dans mon cœur. Ai-je tort de rêver ? Vais-je perdre la raison ? Est-ce que toutes mes grandes aspirations ne seraient qu'illusions ? Ne suis-je qu'une illusion derrière laquelle se cachent de trop grandes aspirations ? Où se trouve cette âme sœur que mes rêves m'avaient promise ? Est-ce toi, Sylphide ? Ou est-ce que mes rêves m'auraient menti ?

Sylphide, fascinée, s'approcha et s'assit sur le sol auprès d'elle.

— Écoutez, je ne sais pas, je ne peux pas répondre pour le moment à toutes ces questions. Cependant, il me ferait plaisir de vous aider. Si j'en avais le pouvoir, que pourrais-je faire ?

— J'aimerais me retrouver à nouveau à l'endroit d'où je proviens.

— De quel endroit parlez-vous ?

— De l'Arbre de Vie. Je voudrais retrouver cette énergie d'amour universelle, cet état euphorique dans lequel je vivais auparavant. Cet endroit où la compétition, l'envie et la jalousie n'existent pas. De cette énergie collective qui formait un tout, j'ai été divisée jusqu'à devenir un. Je ne suis maintenant qu'une énergie individuelle, unique et seule. J'aimerais faire partie à nouveau du grand tout cosmique. Ma grande ambition est d'aimer, de donner au monde entier, de faire grandir la bonté et la pureté dans votre cœur, de devenir amour. J'ai besoin de réaliser l'amour à travers vous. C'est ma passion, ma raison de vivre. Et avec votre aide, je pourrais peut-être y arriver et enfin devenir une *Âme Glorifiée*. Ainsi je pourrais retourner pour toujours auprès de Dieu. Par contre, sans votre consentement, je ne peux rien faire d'autre qu'attendre, espérant qu'un jour vous vous décidiez à m'aider, car c'est vous, le maître, ici.

— Mais qu'est-ce que ça signifie exactement dans le concret ? Que voudriez-vous que je fasse ?

— Que vous compreniez ce qu'est l'amour avec un grand « A ». L'inconditionnel ! Que vous l'exprimiez. Que vous réalisiez cette partie de vous qu'est l'amour. C'est la seule façon de me sauver, c'est-à-dire de sauver votre âme.

— Comment puis-je procéder ?

— Vous pouvez commencer par vendre tous vos biens et remettre les bénéfices à une œuvre de charité. Travailler dans les pays sous-développés, bénévolement. Il faut passer par le don de soi et le don de l'amour pour devenir une *Âme Glorifiée*.

— Vous êtes trop idéaliste ! On est en l'an 2001. Ce n'est pas réaliste. Je ne crois pas qu'il soit possible aujourd'hui de vivre d'amour et d'eau fraîche avec, comme seule richesse, une robe de lin et une paire de sandales. De plus, ce ne serait pas très chaud pour nos hivers québécois. Vous vous êtes sûrement trompée de pays ou d'époque. Je ne pense pas pouvoir laisser mes comptes de téléphone ou d'électricité en souffrance, en me disant que ce n'est pas grave, que tout ce qui compte dans la vie, c'est l'amour. Je crois qu'en peu de temps, je ne pourrais plus bénéficier de ces services. Et mes enfants ont besoin d'affection mais aussi d'un certain confort matériel. J'ai des responsabilités. Ce ne serait pas possible. Par contre, je comprends votre point de vue, et vous n'avez pas tort, en quelque sorte, mais tout est une question d'équilibre. Ça ne peut pas se faire de cette façon. Il faut trouver une autre manière d'arriver à votre but.

— Si je vous expliquais le principe, vous pourriez peut-être trouver une solution ?

— Je vous promets d'essayer, mais j'aurais une question auparavant.

— Allez-y !

— Est-ce que vous avez un *supra*, vous aussi ?

— Non, je n'ai pas de *supra*. Ma fonction est différente.

— Quelle est-elle exactement ?

— Vous pourriez me comparer à un disque dur d'ordinateur.

— Je ne comprends pas ce que vous voulez dire.

— Ma fonction est d'enregistrer toutes vos paroles, vos pensées et vos actions. Par contre, je n'enregistre que les bonnes. Puisque je suis bonne, je ferme les yeux sur vos mauvaises actions, que je préfère ne pas voir. Et tout cela vous sera accessible lorsque vous redeviendrez esprit et énergie. Vous en aurez alors besoin pour faire le bilan de votre vie, pour l'heure de votre jugement. Je suis un peu comme la goutte de sang dans laquelle est contenu l'ADN de vos émotions, de vos actions et de vos pensées.

— Pour l'heure du jugement !

— Ne soyez pas effrayée, ce n'est pas si pénible. Par contre, votre conscience pourrait souffrir lorsque nous repasserons le film de votre vie, et que vous verrez à l'écran les résultats et les conséquences de toutes les paroles que vous avez prononcées et de tout ce que vous avez fait subir aux autres.

— Mais puisque vous n'enregistrez que les bonnes actions, on ne peut voir que celles-ci ?

— Effectivement. Cependant, une autre essence en vous n'enregistre que ce qui est mal en vous, votre côté négatif.

— C'est affreux. Alors tout ce que j'ai pu faire de mal a été enregistré ? Mais par qui ?

— Par monsieur Ego. Alors, à l'heure de la présentation, nous mettrons la disquette de monsieur Ego et celle de madame Âme, moi-même, et nous visionnerons le film de votre vie sur écran géant, en y voyant vos moindres gestes et pensées, qu'ils soient négatifs ou positifs. Nous regarderons le tout en présence d'un jury. Je prendrai alors le rôle de votre avocat. Je tenterai de vous défendre, de convaincre le jury pour que la balance penche plus vers le bien que vers le mal en vous, ce qui vous donnera à ce moment une meilleure condition de naissance dans votre prochaine vie, si vous décidiez de renaître. Monsieur Ego, quant à lui, tiendra le rôle de l'avocat de la défense et tentera de prouver le contraire.

— Mais j'ai peur. J'ai sûrement dû faire des choses qui n'étaient pas bien. Que m'arrivera-t-il ?

— Rien de bien grave, ne vous en faites pas, car Dieu pardonne toujours tout, peu importe ce que vous aurez fait, puisqu'il est bonté et amour pur.

— À quoi bon faire le bien, alors ?

— Il vous pardonnera tout, mais il ne vous récompensera quand même pas si vous ne le méritez pas.

— Que voulez-vous dire ?

— Imaginez comment cela peut être atroce de ne pas être récompensé, de voir ceux qui l'ont été baigner dans un état euphorique de bien-être incomparable, alors que vous n'y avez pas droit. C'est suffisant pour vous donner le désir de recommencer, de naître à nouveau et de tenter de faire mieux cette fois-ci.

— On a la chance de recommencer ?

— Bien sûr, et autant de fois qu'on le désire, mais sans jamais y être obligé. On a le libre arbitre.

— C'est facile alors. On peut faire le mal et on n'a qu'à recommencer par la suite.

— Attention ! Il y a tout de même certaines règles.

— Quelles sont-elles ?

— Si vous avez évolué vers une amélioration du côté du bien, si infime soit-elle comparativement à votre vie passée, vous renaîtrez dans des conditions plus favorables à votre évolution, donc votre ascension sera plus probable et plus facile. Par contre, si c'est le contraire, vous renaîtrez dans des conditions de plus en plus pénibles, il vous sera alors de plus en plus difficile de remonter la pente. Et de pouvoir même revenir à votre point de départ, celui d'où vous êtes partie la première fois, au début de vos incarnations.

— Est-ce que nous avons tous le même point de départ ?

— Oui, nous partons tous du même endroit, c'est-à-dire du même degré d'évolution. Si l'on représentait cet endroit sur une échelle, ce serait la marche du milieu, celle qui se situe exactement au centre entre le *supra* bien tout en haut et le *supra* mal tout en bas.

— Mais c'est facile lorsque nous revenons puisqu'à partir de cette expérience, nous savons ce que nous sommes venus faire sur terre, de même que ce qui est important, et nous n'avons qu'à nous concentrer là-dessus.

— Ce serait beaucoup trop simple, Sylphide.

— Qu'arrive-t-il alors ?

— À partir du moment où vous entrez à nouveau dans la matière, que vous reprenez corps, vous oubliez tout. Nous mettons sous clé les dix portes de votre mémoire consciente et inconsciente. Vous devez ensuite faire un travail ardu sur vous-même afin de trouver chacune de ces clés. Chaque clé que vous trouvez vous permet d'ouvrir une des portes. Elles vous donnent graduellement la mémoire de qui vous êtes vraiment. Si vous réussissez à ouvrir les dix portes, deux autres portes divines vous seront alors accessibles, à l'intérieur de vous, là où se cache le plus beau de tous les trésors inimaginables.

135

Vous avez trouvé une clé et ouvert une porte, alors continuez maintenant.

— Par quoi dois-je commencer ?

— En premier lieu, vous devez trouver le moyen d'exprimer l'amour, de le comprendre, de le conscientiser à travers vous et les autres.

— Je ne comprends pas très bien ce que vous voulez dire.

— À chaque instant, tout est en constante mutation. Que ce soit d'une manière positive ou négative. Vous avez sûrement déjà entendu parler de Charles Darwin et de sa théorie ?

— Oui, bien sûr.

— Cela se réfère un peu à sa théorie, sauf que ça ne s'applique pas seulement au monde physique, mais aussi à l'esprit, à l'âme, au conscient et à l'inconscient. Vous ne pouvez pas rester sur place : soit vous avancez, soit vous régressez. C'est ce qu'on appelle l'« effet pyramidal ». Il y a des gens qui se retrouvent à un stade de développement moindre que le vôtre, tandis que d'autres sont à un stade plus évolué que le vôtre, à travers l'expérience de l'amour. Vous comprenez ?

— Oui, je comprends.

— Donc, si vous aidez quelqu'un de plus petit que vous à améliorer sa dimension de l'amour, celle-ci prendra alors de l'expansion, et augmentera la vôtre par le fait même. Elle déplacera aussi ceux qui sont au-dessus de vous. C'est un peu comme si on ajoutait un autre étage à la base de la pyramide. De ce fait, tous les autres étages s'élèveront encore davantage et prendront de l'expansion.

— Si je comprends bien le principe, c'est qu'en aimant, en aidant les autres, en élevant les âmes des plus petits que nous, nous grandissons nous-mêmes et élevons aussi l'âme de ceux qui sont au-dessus de nous. C'est comme un travail d'équipe.

— Vous avez bien compris. L'expansion dans la dimension d'amour n'a pas de fin. Elle peut grandir à l'infini. Par contre, l'effet contraire fonctionne aussi. C'est un principe des lois de la vie.

— Qu'est-ce que vous voulez dire par l'effet contraire ?

— Le monde, actuellement, est dominé par la haine et la violence. Lorsque vous abaissez l'âme des autres, plus petits que vous, alors vous vous abaissez vous-même. Et votre âme entraîne celle qui se situe au-dessus de vous, et alors la pyramide s'effondre jusqu'aux enfers au lieu de s'élever jusqu'au ciel.

— C'est incroyable ! Comme vous en savez des choses !

— Merci. Il y a aussi la règle incontournable de l'effet boomerang.

— Mais qu'est-ce que c'est, l'effet boomerang ?

— Tout ce que vous lancez dans les airs, c'est-à-dire les paroles, les actions et tout ce que vous faites subir aux autres, vous reviendra toujours. Et cela vous reviendra avec sept fois plus de force qu'au moment de son lancement. Ce n'est qu'une question de temps.

— Je ne saisis pas très bien.

— C'est simple. Si les gens sont méchants et remplis de haine, ils recevront sept fois plus de haine en retour. De la même façon, si les gens sont bons et pleins d'amour avec les autres, ils recevront aussi sept fois plus d'amour. S'ils aident les gens, les gens les aideront. S'ils les détruisent, ils les détruiront. Il y a la justice de l'homme et il y a la vraie justice, celle de la vie, et personne ne peut échapper à celle-ci. Même avec un bon avocat.

— Comme la vie a été bien conçue.

— Oui, lorsque nos yeux s'ouvrent enfin, on s'aperçoit que tout est si bien planifié qu'il est difficile de croire que l'homme ne soit que le résultat du hasard de l'évolution. Il y a sûrement un petit détail qui a échappé à monsieur Darwin.

— Pour revenir à ce que vous me disiez, comment m'y prendre pour l'« effet pyramidal » ?

— Pour cela, j'ai besoin de votre aide. L'homme a le libre arbitre de chercher et de trouver ce qu'il veut. Il doit faire un effort pour y arriver et comprendre. C'est voulu ainsi, sinon il ne pourrait y avoir aucun mérite, aucune prise de conscience, aucune évolution.

— Ce serait tellement plus facile si on savait exactement quoi faire !

— Vous avez raison, mais plus rien n'aurait de raison d'être et d'évoluer. Et il y a une dimension que vous ne saisissez pas. Par métaphore, si je vous donnais la maison de vos rêves et que tout était parfait sans aucun effort de votre part, vous seriez heureuse, mais pas très consciente de ce que vous auriez. Par contre, si je vous donnais les plans de cette maison et que vous deviez la construire vous-même pierre par pierre, vous seriez très découragée de voir toute cette besogne à abattre. Cela vous demanderait beaucoup d'efforts. Mais si vous le faisiez et que vous y arriviez, votre fierté serait grande de l'avoir réalisée par vous-même, de vos propres mains. Vous la regarderiez et vous vous diriez : « C'est moi qui ai posé cette pierre, ceci est ma réalisation. » Dès lors, vous apprécieriez beaucoup plus cette maison car vous seriez consciente de l'effort et du travail accompli. La nature de l'homme est ainsi faite, elle ne peut apprécier que ce qu'elle construit par son labeur, et n'apprécie pas ce qu'on lui donne gratuitement.

— Je vous remercie infiniment de vos précieux conseils, et de tout ce que vous faites pour moi. Je vous promets d'essayer de trouver une solution afin que vous puissiez vous épanouir. Cessez d'être triste.

— Je ne serai plus triste maintenant que je vous ai parlé et que vous avez pris conscience de ma présence. J'ai dans mon cœur l'espoir que tout va changer, et cela suffit à me rendre heureuse. De savoir que vous allez faire l'effort de m'aider, que l'on réussisse ou non. Ce qui est important pour moi, c'est votre désir sincère d'essayer, car lorsque la volonté est là, les choses arrivent d'elles-mêmes.

C'est déjà là un premier pas dans la bonne direction.

— Je dois partir maintenant. Ce fut un grand plaisir de vous rencontrer. Oh ! Juste avant de partir... quel est le point d'énergie que vous contrôlez, pour que je vous reconnaisse lorsque vous vous adresserez à moi ?

— C'est le quatrième point d'énergie, là où se situe le cœur.

— Parfait. Bonne fin de soirée.

— Vous aussi. Et revenez me voir quand vous le voulez. Ma porte vous sera toujours ouverte.

22

*A*près ces moments d'émotion et de revirement, Sylphide décida de quitter sa méditation et de se reposer. Il était 19 h 30. À peine avait-elle raccroché le téléphone (elle l'avait décroché quelques heures plus tôt pour être tranquille) qu'il se mit aussitôt à sonner.

— Sylphide, c'est maman. J'ai essayé de te joindre toute la journée mais en vain. J'ai rencontré Sandra au supermarché, et elle m'a dit que tu avais été congédiée. Je m'inquiète beaucoup pour toi. Qu'est-ce qui t'arrive ?

— Maman, ne t'inquiète pas. C'est vrai, j'ai perdu mon travail, mais j'en trouverai un autre. Il n'est pas tellement difficile de se trouver un poste de serveuse. Je suis déjà allée au bureau d'Emploi Québec pour avoir une liste de ceux disponibles dans mon secteur.

— Mais pourquoi ne réponds-tu pas au téléphone ?

— Je ne peux pas te le dire, maman.

— Je veux savoir.

— Bon, très bien. Je suis en train d'écrire un livre.

Sa mère éclata de rire.

— Toi, écrire un livre ?

— Oui, maman, j'essaie. Pourquoi ne serait-ce pas possible ? Tu me sous-estimes. Comme le dit le dicton, *nul n'est prophète dans son pays.* Alors ne t'inquiète pas, je t'en prie, et passe-moi les enfants s'il te plaît.

— Tu as sans doute raison. Fais-moi une copie de ce que tu as écrit et apporte-la-moi le plus tôt possible, j'en jugerai par moi-même.

— D'accord. Laisse-moi parler aux enfants maintenant.

— Jonathan est parti chez Thomas. Mais Sara est juste à côté de moi. Je te la passe.

— Bonjour ma belle fille, comment ça va ?

Sara pleurait.

— Maman, je m'ennuie de toi. Ça fait longtemps que je ne t'ai pas vue. Je t'aime, maman. Viens me chercher.

— Mais voyons, Sara, tu es bien avec grand-maman. C'est une très bonne cuisinière et elle te gâte beaucoup plus que moi. Tu me l'as déjà dit.

— Mais je m'ennuie de toi. Viens me chercher.

— Écoute, j'en ai juste pour une journée ou deux et ensuite j'irai te chercher. Je t'aime beaucoup. À plus tard.

— Au revoir, maman, dit Sara en pleurant.

Sylphide raccrocha, le cœur gros. Elle versa quelques larmes et se dit que ce serait beaucoup plus facile d'expliquer à Sara l'importance de ce qu'elle était en train de faire. Il s'avérait compliqué de faire ce genre de travail en présence des enfants. Se sentant trop coupable d'abandonner sa fille, elle décida de laisser de côté l'écriture de son livre et rappela Sara pour lui annoncer qu'elle venait la chercher tout de suite.

Sa mère répondit.

— Bonsoir, maman, c'est moi. Passe-moi Sara, s'il te plaît.

— Elle ne veut pas te parler, Sylphide.

— Comment, elle ne veut pas me parler ? Dis-lui que je veux lui parler immédiatement.

— Sara, ta mère veut te parler tout de suite.

Sara poussa un grand soupir et répondit :

— Maman, qu'est-ce qu'il y a encore ?

— Sara, je t'appelle pour te dire que je viens te chercher tout de suite. Es-tu contente ?

— Ah non !

Suivit un long soupir.

— J'aurais voulu rester encore.

— Mais tu viens de me dire que tu t'ennuyais trop de moi. Tu pleurais.

— Oui, mais ça, c'était tout à l'heure. Maintenant, je ne m'ennuie plus de toi. Auparavant, je n'avais pas d'amie pour jouer avec moi, mais maintenant, Caroline est revenue du service de garde, et en plus, maman, tu sais pas quoi ?

— Je sens que tu vas me le dire !

— Étant donné que c'est vendredi, grand-maman a invité Caroline à souper et dormir ici. S'il te plaît, ne viens pas me chercher avant dimanche. Maman, il faut que je te laisse tout de suite, ça va être à mon tour de jouer au Nintendo.

Et elle raccrocha sans dire au revoir.

Sylphide était déroutée par le comportement de sa fille. Souvent, se disait-elle, c'était la catastrophe, tout allait mal, et quelques instants plus tard, tout allait pour le mieux. Lorsque ses enfants se disaient si malades à l'école, elle s'y rendait en vitesse, les emmenait tout en pleurs à la clinique pour se faire dire, la plupart du temps, qu'ils n'avaient rien. Et à peine étaient-ils de retour à la maison qu'ils n'étaient plus malades et se mettaient à courir et à gambader partout.

Quelle patience, pensait-elle, ça demande parfois d'être mère !

23

*S*ylphide se rendit compte qu'il manquait du lait et du pain. Elle enfila rapidement son coton ouaté et se dépêcha d'aller faire ses emplettes avant la fermeture du supermarché.

Pendant qu'elle circulait dans les allées, elle heurta quelqu'un. Mais c'était la cliente du restaurant ! Celle qui avait été si méchante avec elle et qui lui avait demandé de faire cuire son veau deux fois.

Les deux femmes se regardaient sans mot dire. Sylphide la fixait avec un regard rempli de haine (elle aurait aimé lui dire sa façon de penser) quand, soudain, la femme éclata en sanglots.

— Je m'excuse pour ce que je vous ai fait.

— Mais voyons, madame, ne pleurez pas tant. Ce n'est pas si grave, après tout.

Elle se mit à pleurer deux fois plus encore. Sylphide passa son bras autour de son cou et coucha la tête de la femme sur son épaule. Elle l'emmena s'asseoir et tenta de la réconforter. Il y avait un petit café au supermarché. Lorsqu'elles s'assirent, Sylphide lui tendit un mouchoir et lui demanda pourquoi elle pleurait tant.

— Vous savez, j'ai été très désagréable avec vous l'autre jour, mais ce n'est pas dans mes habitudes. Je ne sais plus ce qui m'arrive. J'en suis rendue à détester toutes les femmes.

— Mais pourquoi ?

— Ah ! C'est une longue histoire, et pas très intéressante !

— Mais racontez-moi. Je suis convaincue que ça vous ferait du bien d'en parler un peu.

— Je ne veux pas vous embêter.

— Vous ne m'embêtez pas. Allez-y, je vous écoute.

— Si vous insistez… J'ai quatre enfants. Ils sont grands maintenant. J'ai un fils qui travaille pour la NASA aux États-Unis. Un autre est directeur d'une compagnie de logiciels à Toronto. Le plus jeune de mes fils étudie à l'université Paris-Sorbonne. Ma benjamine, Chloé, fait sa médecine à l'université McGill à Montréal et travaille à temps partiel pour l'entreprise de mon mari.

— Mais c'est fantastique ! Vous devez être très fière de la réussite de vos enfants !

— Oui, mais ce n'est pas leur réussite qui me rend triste. C'est que, maintenant qu'ils sont grands, ils n'ont plus besoin de moi. Je me sens si inutile à présent. Je n'ai aucun métier, car je leur ai consacré tout mon temps à l'époque. Tous les sacrifices que j'ai faits, les nuits blanches que j'ai passées à leur chevet… Je m'attendais à un peu plus de reconnaissance de leur part. Ils ne m'appellent jamais, et lorsque je les appelle, j'ai l'impression de les déranger. Je ne les vois qu'une ou deux fois par année. Je me sens si seule. La maison est vide depuis le départ de Chloé.

— Les enfants sont la plupart du temps ingrats jusqu'au jour où ils ont des enfants à leur tour. C'est seulement à ce moment, souvent, qu'ils se rendent compte des sacrifices que ça demande, d'être parent. Avant, ils n'en sont malheureusement pas conscients. Mais vous avez votre mari !

Elle se remit à sangloter.

Sylphide se sentait mal à l'aise.

— Oh ! Je m'excuse, votre mari n'est plus là ?

— C'est pire que ça.

— Expliquez-moi !

— Au début de notre mariage, je prenais soin des enfants et j'aidais aussi mon mari à exploiter une petite compagnie de plomberie. Je m'occupais à la maison de sa correspondance, et lorsque Chloé a commencé la maternelle, je rencontrais pendant la journée des entrepreneurs en bâtiment afin de lui trouver des contrats. De fil en aiguille, la compagnie a pris de l'expansion. Il a quarante employés à l'heure actuelle.

— Mais c'est super. Vous avez réussi !

— Un peu trop, c'est ça le problème.

— Qu'est-ce que vous voulez dire ?

— C'est que, maintenant, il n'a plus besoin de moi. De plus, nous étions censés vendre l'entreprise lorsque les enfants seraient grands et profiter un peu

147

de la vie. Prendre notre retraite, voyager. Notre premier voyage devait être une croisière en Italie.

— Que s'est-il passé ?

— Ses affaires allaient très bien. Il faisait beaucoup d'argent. L'hypothèque de la maison était payée. Il a donc décidé de s'acheter une voiture de luxe. Il s'est mis à boire et à sortir tous les soirs. Et bien des femmes sont attirées par l'argent. Alors, même s'il n'était pas un très bel homme, certaines femmes se sont mises à le draguer. Et puis, un jour, il s'est épris d'une jeune fille de vingt-quatre ans. Il lui achetait de beaux cadeaux. Ils vivent ensemble maintenant. C'est avec elle qu'il va passer sa retraite, voyager, et faire une croisière en Italie. Et moi, je ne peux pas rivaliser avec une jeune fille de cet âge. Elle pourrait être ma fille.

— Je suis désolée pour vous. C'est triste. Vous ne manquez de rien financièrement, j'espère ?

— Non, je ne manque de rien, mais rien de matériel ne peut remplacer l'amour que j'avais pour mon mari. Ça me fait si mal.

— Je vous comprends, et je m'excuse à mon tour de vous avoir jugée si vite. Vous ne devez pas vous laisser aller. Il serait préférable pour vous d'aller consulter un psychologue ou quelqu'un qui pourrait vous aider dans ce genre de situation. Attendez-moi, je reviens avec un cadeau pour vous.

Sylphide alla jusqu'à sa voiture et rapporta la copie de son manuscrit qu'elle avait préparée pour sa mère.

— Tenez, je vous donne ceci. C'est le roman que je suis en train d'écrire. Il renferme certaines choses qui pourraient vous aider. Je vous trouve très sympathique. Sur ce, je vous laisse mon numéro de téléphone. Appelez-moi si vous avez besoin de parler à quelqu'un, ça me fera plaisir. Et promettez-moi de demander de l'aide afin que vous puissiez passer à travers tout ce que vous vivez présentement.

— C'est bien, je vous le promets.

— Alors, au revoir et à bientôt.

— Au revoir et merci beaucoup. Ça m'a fait grand bien de parler avec vous. Vous êtes si gentille. Je m'excuse encore, j'ai tellement mauvaise conscience de vous avoir traitée de la sorte. Vous ne le méritiez pas.

Sylphide se rendit compte qu'elle avait jugé trop vite cette femme. Elle se rappela une pensée de Socrate :

Une personne souffre moins de subir l'injustice que de la commettre, notre pitié doit aller à l'auteur de l'injustice plutôt qu'à sa victime.

Sylphide se dit qu'elle avait bonne conscience. Par contre, cette femme regrettait beaucoup ce qu'elle avait fait. C'est elle qui avait quelque chose sur la conscience et qui en était malheureuse. Elle se dit qu'il est vrai que les mauvaises actions sont souvent faites par des gens qui souffrent beaucoup et qui sont perturbés, même si ce n'est pas toujours évident pour nous, vu de l'extérieur. Car l'apparence est souvent trompeuse par rapport à la réalité. « Socrate avait raison, notre pitié doit aller à cette femme », finit-elle par conclure.

24

*L*e lendemain, Sylphide se réveilla vers 5 heures du matin. Elle s'installa pour aller au domaine de *Je Suis*. Elle alluma une bougie, fit brûler de l'encens et reprit son voyage. Sylphide commença à se concentrer et à pratiquer ses respirations profondes. Deux heures passèrent avant qu'elle ne puisse entrer au domaine de *Je Suis*. Sylphide commença par :

Tout ce qui existe est, et tout ce qui est existe.

En entrant au domaine de *Je Suis*, elle revit tous les convives qu'elle avait déjà rencontrés. Elle ne fit que les saluer de la main, car elle voulait être sûre de pouvoir faire le tour du domaine, cette fois, avant que la fatigue ne la gagne.

Soudain, elle vit au loin un endroit très mystérieux qui ressemblait à une pyramide. Elle s'en approcha et entra à l'intérieur. Il y avait un chemin peint en jaune. Sylphide le suivit et aboutit dans une pièce similaire à un tombeau de pharaon. Elle aperçut au loin deux flambeaux. Ils brûlaient à l'intérieur de grandes soucoupes dorées ayant des bases d'environ deux mètres de hauteur. Au centre de celles-ci se trouvaient deux gardiens. Ils semblaient étranges. Ils avaient le torse nu et portaient deux larges bracelets ainsi qu'un casque fait d'un métal gris. Ils étaient vêtus d'un tissu blanc et fin en guise de jupe et étaient chaussés de sandales de cuir brunes lacées jusqu'aux genoux. On se serait cru à l'époque de l'Ancienne Égypte. Ces deux hommes étaient grands et bien bâtis. L'un avait la peau et les cheveux noirs et l'autre avait la peau blanche et les cheveux roux. Ils tenaient chacun une grande lance de métal, le bras tendu, l'un vers sa gauche et l'autre vers sa droite, bloquant ainsi le passage à cet endroit. Sylphide tenta de voir ce qui se cachait de si précieux derrière eux. Elle aperçut un lit de pierre d'environ un mètre de hauteur. Sur ce lit, une femme était couchée. Elle semblait morte, ou endormie. Elle était nue. Stupéfaite, Sylphide vit que cette femme était son parfait sosie, mais en version améliorée, avec quelques kilos en moins et une très belle coupe de cheveux. Elle avait même une tache de naissance au même endroit qu'elle. C'était surprenant. Sylphide s'en approcha afin de vérifier si elle dormait ou si elle était morte. Mais les gardiens lui bloquèrent l'accès.

— Mais pourquoi m'empêchez-vous de passer ?

— Nous sommes les gardiens de madame Inconscient. Nous avons été engagés par monsieur

Conscient afin de vous protéger contre elle car, selon lui, elle est dangereuse.

— Mais elle n'a pas l'air si dangereuse !

— Un ordre est un ordre. Si vous n'êtes pas d'accord, allez vous plaindre à monsieur Conscient.

Sylphide se disait que si cette femme était seulement endormie, le fait de crier la réveillerait sûrement.

— Madame Inconscient, madame, réveillez-vous, c'est moi, Sylphide !

Elle ouvrit les yeux et fixa Sylphide d'un regard très profond.

Sylphide, heureuse qu'elle ait entendu son appel, lui dit :

— J'aimerais vous parler. Comment peut-on faire pour que ces gardiens me laissent passer ?

Madame Inconscient lui fit un clin d'œil et lui fit signe d'attendre. Elle alla chercher deux bouteilles de champagne, versa un verre à chacun des gardiens. Ils les refusèrent car ils étaient en service, et si quelqu'un l'apprenait, ils pourraient perdre leur emploi. Elle leur répondit :

— Mais voyons, vous travaillez si fort, vous avez le droit de vous détendre un peu. Je vous promets que personne ne le saura. Et de plus, c'est le meilleur champagne que vous ayez jamais bu.

— Bon, d'accord ! Mais juste un verre.

Madame Inconscient leur versa un verre, puis deux, puis trois.

Le champagne était délicieux. Les gardiens se mirent à chanter, danser, rire et, finalement, à perdre un peu conscience. Madame Inconscient transporta les bouteilles un peu plus loin, et ils les suivirent. La place était enfin libre. Elle cria à Sylphide :

— Venez, vous pouvez passer maintenant. Bonjour, Sylphide !

— Vous êtes magnifique, madame Inconscient. Vous êtes exactement celle que j'aimerais être.

— Vous avez vu juste, Sylphide. Je suis la petite fille qui se cache en vous. La femme de vos rêves, celle que vous aimeriez être. C'est moi qui détiens tous vos rêves, vos secrets, vos émotions, vos désirs et vos mauvaises expériences refoulées.

— Mais pourquoi m'empêche-t-on d'avoir accès à vous ?

— Parce que monsieur Conscient croit que je suis inconsciente, et parce que le domaine de l'inconscient est un terrain glissant, inconnu et mystérieux pour l'homme. On tente de m'ignorer depuis des siècles et des siècles, et moi je sommeille depuis tout ce temps. J'ai été refoulée si loin dans la mémoire de l'homme que de me redécouvrir maintenant est un exploit. Quel gaspillage !

— Mais je ne comprends pas.

— Afin de me redécouvrir et avoir accès à moi, vous devez préalablement faire un travail sur vous-même pour avoir la sagesse de bien utiliser ce que je vous apprendrai et ne pas sombrer dans la folie. Car le monde où vous vivez présentement n'est peut-être pas prêt à me recevoir. Il ne vit que selon les règles du conscient. Il faut donc y aller lentement, mais sûrement.

— Mais qu'y a-t-il de dangereux ?

— Pour moi, le monde conscient n'existe pas. Les lois de votre société, je ne les connais pas. La seule chose importante pour moi, c'est de réaliser vos désirs et vos rêves. Et quelquefois, il se cache à l'intérieur des gens des désirs que votre société qualifierait de malsains.

— Pouvez-vous me donner un exemple ? Ce n'est pas très clair.

— Je vais essayer. Je sais, par exemple, que vous êtes attirée par le séduisant acteur Pierce Brosnan, n'est-ce pas ?

— Effectivement, je ne peux rien vous cacher.

— Alors, si vous le rencontriez dans la rue et me demandiez comment réagir, je vous répondrais : « Pensez seulement à votre désir, c'est la seule chose qui importe. Vous avez envie de lui faire l'amour, alors faites-lui l'amour, là, en pleine rue. » C'est un désir caché, mais il existe, tandis que monsieur Conscient, lui, refoulera votre désir dès son apparition, car il n'en a rien à faire de vos désirs et de vos rêves. Ce n'est pas important pour lui. Il ne s'intéresse qu'à ce qui est très rationnel : manger, dormir, etc. Il est beaucoup plus conscient que moi. Monsieur Conscient ne connaît pas vos désirs. Moi je les connais. L'idéal, d'après moi, serait un travail d'équipe. Je ne crois pas qu'écouter ses moindres pulsions serait acceptable dans votre société, et je ne crois pas non plus que de vivre sans réaliser vos rêves et vos désirs soit acceptable. Il faut que vous respectiez vos désirs, mais aussi ceux des autres. Il faudrait que vous demandiez auparavant à monsieur Brosnan ce qu'il en pense et que vous respectiez son choix. C'est pour cela que vous devez m'utiliser parcimonieusement. D'abord, vous devez reconnaître vos désirs, puis en informer monsieur Conscient en lui disant que c'est ce que vous voulez. Il ira consulter par la suite monsieur Esprit afin d'élaborer un stratagème, de manière à arriver à vos fins. Il consultera ensuite madame Âme pour être sûr que tout se fera dans le respect des autres et de la société. Après toute cette analyse qui ne dure qu'une fraction de seconde, monsieur Conscient vous donnera enfin la meilleure manière de réussir, selon le meilleur de sa connaissance et sans que ne surviennent des problèmes majeurs par la suite.

— C'est vraiment comme un travail d'équipe ?

— C'est bien cela. Vous avez compris. C'est pour toutes ces raisons que, généralement, la voix de la conscience est la plus forte chez l'homme, car elle est la plus réaliste et coordonne toutes vos pensées.

— Mais qu'est-ce que monsieur Conscient pourrait me suggérer, par exemple, dans le cas dont vous m'avez parlé ?

— Je ne suis pas monsieur Conscient et je ne pense pas comme lui, mais je le connais très bien. Probablement qu'il vous aurait dit de lui faire des beaux yeux, de tenter de le séduire, de lui faire croire que tout serait merveilleux avec vous. Ensuite vous n'auriez eu qu'à l'entraîner chez vous ou à l'hôtel, à faire preuve de patience, et peut-être que vous auriez pu finalement arriver à vos fins. De cette manière, vous seriez parvenue à la réalisation de votre désir sans faire de mal à personne, dans le respect des gens et de la société.

— Qu'est-ce qui arrive si quelqu'un a un désir qui n'est pas comblé ?

— Cela peut effectivement arriver, c'est même souvent ce qui se produit. Il en résulte une constante insatisfaction et un mal de vivre. L'impression de toujours chercher quelque chose sans jamais le trouver. C'est pour cela qu'il est important de découvrir ses désirs profonds et d'essayer de les exprimer.

— Et si quelqu'un éprouve un désir qui ne peut être toléré dans la société, tel que tuer, ou encore être un pédophile ? Est-ce que cela pourrait être le désir de certaines personnes ?

— Oui, malheureusement, mais ces gens doivent l'affronter encore plus que les autres et le plus vite possible, car on ne peut pas refouler ses pulsions éternellement. Un jour, tout explose, et il n'y a pratiquement plus rien à faire, car ces personnes deviennent déphasées par rapport à la réalité. Elles se créent leur propre monde, faisant fi des lois de la société, pour finalement sombrer. Car, étant donné qu'elles ne peuvent pas réaliser leur désir à l'intérieur des paramètres de la société, elles deviennent très perturbées psychologiquement. Il est donc préférable de percer l'abcès le plus tôt possible afin que l'infection en sorte doucement, plutôt que d'attendre que l'abcès grossisse et qu'il éclate sans que l'on puisse en contrôler le flux.

— Mais pourquoi certaines personnes ont-elles des pulsions pareilles ?

— Cela ne concerne quand même que la minorité des gens, et ces pulsions sont toutes, je crois, reliées à des traumatismes pendant l'enfance. C'est pour cela qu'il ne faut pas juger trop vite les gens. Vous avez eu la chance d'avoir des parents normaux mais, malheureusement, ce n'est pas le cas de tous les enfants. Certains se font violer, maltraiter… comment voulez-vous que ces enfants deviennent des adultes équilibrés ? Si vous aviez été traitée de la sorte, que seriez-vous devenue ? Peut-être seriez-vous pire qu'eux. Si la société comprenait enfin combien il est important de bien prendre soin de ses enfants, de les sortir des griffes des parents sans conscience, il y aurait alors moins d'adultes perturbés. Les enfants maltraités d'aujourd'hui seront les adultes qui posséderont de mauvaises pulsions demain et causeront des dommages à la société. Il en coûterait beaucoup moins cher à la société de veiller à leur protection tandis qu'ils sont jeunes et qu'il est encore temps de mettre un tuteur afin que l'arbre se redresse, plutôt que de commencer à s'en occuper lorsqu'il est trop tard et que l'on ne peut plus rien redresser. La société devra s'en occuper un jour ou l'autre et n'aura d'autres choix que de payer pour eux en les enfermant dans des prisons ou des hôpitaux psychiatriques.

— Vous avez tout à fait raison. Je me rappelle avoir entendu parler un soir, au journal télévisé, d'un homme à l'étranger qui non seulement avait tué plusieurs enfants, mais qui s'était ensuite livré sur eux au cannibalisme. J'étais si horrifiée, si révoltée... J'ai éteint immédiatement la télévision. Ça me bouleversait trop. Si j'avais été juge, je crois que je l'aurais envoyé à la chaise électrique sur-le-champ. Quelques jours plus tard, un journaliste qui avait fait des recherches sur son passé racontait l'horrible traumatisme que cet homme avait dû subir.

— Qu'est-ce que c'était ?

— Je ne me souviens plus exactement à quel endroit, mais il se trouvait à un feu de camp en compagnie de son père, de sa mère et de son frère aîné, qui avait environ dix ans à l'époque. C'était d'ailleurs à peu près l'âge de toutes les victimes de cet homme. Il était en train de jouer à cache-cache derrière un arbre lorsqu'une dizaine d'hommes étaient arrivés. Ils avaient mangé leurs provisions. Ils avaient violé sa mère à répétition, puis l'avaient tuée devant les yeux de son père, attaché et horrifié. Ensuite, ils avaient martyrisé son père pendant plusieurs heures et l'avaient tué lui aussi. Pour finir, ils avaient violé son frère, l'avaient tué, et, en manque de nourriture, avaient décidé de le faire cuire afin de le manger. Et tout ça devant les yeux de cet enfant. C'était horrible. J'étais sous le choc. Je me demandais ce que j'aurais pu devenir si quelque chose de semblable m'était arrivé. Je me rendis compte à ce moment que j'avais jugé trop vite encore. Je me demandais également si ce petit garçon, qui avait grandi maintenant, méritait vraiment la chaise électrique. Cet enfant n'était peut-être pas si

159

coupable et méchant. Il n'était peut-être que très malade psychologiquement et perturbé. Si quelqu'un s'était occupé de lui après cet incident, peut-être que cet homme n'aurait pas commis tous ces meurtres. Mais dites-moi, madame Inconscient, qui peut aider ces gens ? Ce ne sont sûrement pas les médecins ?

— Non, bien entendu. Ceux qui peuvent s'occuper de ces enfants, le plus tôt possible, ce sont les psychiatres. Mais il y en a trop peu. Les psychiatres ne suffisent pas à la demande. Et pour pouvoir les rencontrer, il faut quasiment être l'auteur d'une tentative de suicide. La société n'a pas encore compris leur importance. Seule une infime partie de la population peut se payer leurs services sans avoir à attendre des années, et ce ne sont souvent pas ceux qui en auraient le plus besoin.

— J'ai entendu dire que certaines personnes consultaient aussi des psychanalystes. Je dois en consulter un bientôt moi-même. Je sais déjà en quoi consiste le travail des psychologues, mais pas celui des psychanalystes. Que font-ils exactement ?

— J'aime travailler avec les psychanalystes. Ils s'occupent de soigner les blessures psychologiques qui ne sont pas aussi visibles que, par exemple, une blessure au bras. C'est pour cela qu'il est plus difficile pour les gens de voir se produire la guérison puisqu'elle n'est pas visible à l'œil nu. Nous pouvons seulement la ressentir.

— De quelle manière s'y prennent-ils ?

— Par la parole.

— Ah, oui ! Par la parole ?

— Absolument. Et leur éthique professionnelle les empêche de dévoiler ce que vous leur dites. De plus, il ne leur est pas permis de vous juger, peu importe ce que vous leur direz. C'est déjà beaucoup de pouvoir partager avec quelqu'un nos moindres pensées, peu importe qu'elles soient acceptées ou non dans la société. Nos pensées les plus intimes ne sont quand même pas quelque chose que l'on peut dire à tous, à ses collègues de travail, à ses parents ou amis. Par contre, on peut dire cela à son psychanalyste. Une grande partie du travail est déjà faite quand on peut enfin laisser monter ses désirs pour tenter de s'en libérer. Avec l'aide de la parole, des rêves, le psychanalyste amène son patient à prendre conscience de ses désirs et de ses refoulements.

— Et ensuite, que font-ils lorsqu'ils réussissent à nous les faire découvrir ?

— Ils nous font « réanalyser » le problème avec un regard nouveau, afin de vérifier si l'incident avait été classé correctement.

— Je ne comprends pas ce que vous voulez dire.

— Je vous donne un exemple. Pendant une séance, votre psychanalyste vous amène à découvrir que vous détestez les hommes aux cheveux roux. Alors il vous demandera de trouver pourquoi. Vous ne le saurez pas toute de suite. Mais pendant une autre séance, vous vous mettrez à pleurer et vous souviendrez d'un incident que vous aviez refoulé à l'époque. Vous lui raconterez qu'à votre première journée d'école, alors que vous aviez cinq ans, un garçon aux cheveux roux vous avait bousculée et fait tomber. Vous vous étiez blessée. Vous revivrez alors la même émotion, comme si vous aviez fait un voyage dans le passé et que vous vous retrouviez de nouveau à cet âge. Ensuite, il vous demandera de confronter ce même événement mais avec les yeux d'un adulte. Est-ce que l'expérience que vous avez vécue signifie que tous les garçons aux cheveux roux sont méchants ? Maintenant, digérez cette émotion et classez-la de la bonne façon. Est-ce que ce qu'il vous avait fait était si grave ? Comme cet incident était quelque chose de banal, libérez-vous-en et vous vous sentirez plus légère. Et voilà un problème de réglé. Vous pourrez ensuite passer au suivant, et continuer ainsi jusqu'à la fin de tous vos refoulements. Y a-t-il une fin à cela ? Je ne le sais pas. Vous pourrez arrêter quand bon vous semblera. Ce qui aura été fait ne sera pas perdu et vous fera vous sentir beaucoup mieux.

— C'est passionnant, tout ça. J'ai hâte de commencer mes séances avec mon psy. J'ai mon premier rendez-vous la semaine prochaine.

— C'est très bien, Sylphide. Je crois que l'on va bien s'amuser.

— Qu'est-ce qui arriverait si on réussissait à régler nos refoulements et à s'en libérer ?

— Vous deviendriez enfin vous-même. Vous verriez un peu plus clair concernant ce que vous aimez, ce que vous voulez, et vous perdriez enfin ce mal de vivre de ne pas être vous. Il vous serait plus facile de démêler les parties de vous qui proviennent des influences de votre éducation, et ce que vous êtes vraiment. Vous pourriez aussi avoir la clé de la porte de l'inconscience, et l'ouvrir quand bon vous semblerait pour y puiser toute la créativité nécessaire à la réalisation de votre œuvre. C'est par cette porte ouverte que l'inspiration naît et peut monter jusqu'à l'esprit.

— Mais que voulez-vous dire par « mon œuvre » ?

— Chaque être humain a un rêve, un désir profond, et celui-ci se crée souvent pendant l'enfance. Un événement survient sur notre route, et c'est à ce moment que l'on réalise ce que l'on voudrait que soit notre mission, notre œuvre; mais, malheureusement, cela se passe de manière inconsciente. Nous devons donc chercher pour trouver notre désir profond et notre œuvre, sans quoi une éternelle insatisfaction nous hante.

— Mais si tout le monde découvrait son œuvre et sa mission, les gens ne feraient-ils pas tous les mêmes métiers ?

— Non, car il y a autant de rêves qu'il y a d'hommes.

— La plupart des gens visent le même objectif : être riche, diriger une entreprise, avoir une situation enviable.

— Vous faites erreur. La société, la publicité, nos parents nous font croire que le bonheur est dans telle ou telle chose. Peut-être avez-vous besoin de certaines choses, mais peut-être pas. L'argent nous facilite la vie, mais n'a rien à voir avec le bonheur. Tout ceci n'est que du paraître et non de l'être. Ce n'est qu'orgueil et vanité. Il faut que vous découvriez ce qui vous rend vraiment heureuse. Ce n'est pas ce que vos parents, vos amis ou la société en général pensent qui vous rendra heureuse. Cessez d'être sous leur emprise et décidez vous-même ce qu'est le bonheur pour vous. Inventez-en un à votre mesure, inventez celui qui sera fait du parfait mélange pour vous. Composez enfin la symphonie de votre vie sur du vrai, où il n'y aurait aucune fausse note, qui serait en harmonie parfaite avec vous. J'avoue que cela est plus facile à dire qu'à faire, mais il est possible d'y arriver. Tous les hommes le peuvent. Il n'y a pas de sot métier comme il n'y a pas de sot rêve. Ce qui est vraiment important, c'est de vivre le sien.

— Je dois continuer ma route maintenant. Je vais partir avant que vos gardiens ivres morts ne se réveillent et ne me trouvent ici. Il ne faut pas qu'ils découvrent que nous avons utilisé la ruse pour nous débarrasser d'eux. Nous pourrons ainsi continuer à utiliser cette ruse pour nous rencontrer en attendant que je trouve une meilleure manière de le faire.

— Essayez de trouver une solution à ce problème. Si vous y arrivez, vous pourrez ensuite poursuivre votre recherche jusqu'à la *supra* inconscience.

— Mais qu'est-ce que c'est ?

— Vous savez déjà que vous avez un conscient et la possibilité d'avoir accès à la *supra* conscience.

— Oui.

— Alors c'est le même principe. Vous avez votre inconscient individuel et vous pouvez avoir accès à l'inconscient collectif, universel, à tout ce qui a existé, qui existe et qui existera dans l'inconscient des hommes.

— C'est fantastique !

— Effectivement, ce serait formidable d'y arriver !

— Oh ! Avant que j'oublie… Quel est le point d'énergie que vous contrôlez, au cas où je désirerais savoir si une pensée provient de vous ?

— Je contrôle le troisième point d'énergie. Il est de couleur jaune et il se situe au niveau du plexus solaire, entre le cœur et le nombril.

— Je me sauve. Et merci encore pour tout.

— Au revoir, Sylphide, et travaillez fort !

— J'essaierai. Au revoir !

25

*I*l ne restait à Sylphide que deux essences à rencontrer. Tout à coup, elle ressentit une chaleur intense et vit une pièce d'une couleur orange feu. Elle se serait crue dans les entrailles de la terre. En y pénétrant, elle était apeurée. Cela ressemblait à l'enfer. Soudainement, apparut devant elle un homme si hideux qu'il ressemblait au diable en personne. Effrayée, elle cria. Il se mit à rire aux éclats et dit :

— Bonjour, Sylphide. N'ayez pas peur, c'est moi, le mal, ou, si vous préférez, le Diable.

— Le Diable. Vous existez vraiment ?

— J'existe vraiment.

— Mais vous ne pouvez pas faire partie de moi, vous êtes si laid. C'est atroce.

— Que tu le veuilles ou non, je fais partie de toi et de tous les hommes.

— Mais à quoi nous servez-vous ?

— Je suis très rusé. J'aime créer des complexes de supériorité chez l'homme, lui faire croire qu'il est meilleur que les autres, qu'il est le plus beau et le plus intelligent que la terre ait porté. C'est moi qui ai inventé la vanité, l'orgueil, l'égoïsme. J'aime la paresse et le plaisir, plutôt que l'effort. Je possède tous les vices et je trouve un malin plaisir à manipuler l'homme pour l'empêcher de grandir et d'évoluer. J'aime le mal. On dit de moi que je suis sans-cœur et rancunier.

— Mais pourquoi ?

— J'ai été créé en même temps que Dieu et, comme lui, je ne suis qu'esprit.

— Mais si vous n'êtes qu'esprit, comme Dieu, pourquoi puis-je vous voir ?

— Nous n'avons jamais pris corps, mais ça ne veut pas dire que nous ne pouvons pas le faire. Moi, j'aime m'amuser à prendre des formes d'animaux ou d'hommes au gré de ma fantaisie. Vous avez bien un corps, alors imaginez comme cela peut être facile pour nous d'en prendre un.

— Pourquoi êtes-vous devenu le mal ?

— Dieu était pur et meilleur que moi. C'est lui qui a eu tout le pouvoir, il est devenu roi et c'est lui qui a eu l'idée de vous créer. Quant à moi, à mon grand regret, je n'ai eu aucune idée et aucun pouvoir. On ne m'a pas choisi pour quoi que ce soit. Ne trouvant aucune idée, je me suis donc fâché et j'ai décidé de copier mon frère mais en sens opposé. C'est-à-dire de faire le contraire de la volonté de mon frère Dieu par vengeance. De faire regretter à tous de ne pas m'avoir choisi. De leur faire comprendre que je suis supérieur à Dieu et que sa place me revenait de droit. Si je gagne la bataille contre lui, ce sera la preuve de leur erreur. C'est moi qui aurais dû être roi, et non mon frère.

— Quelle bataille ?

— Vous connaissez sûrement le jeu d'échecs ?

— Bien sûr !

— C'est nous qui avons inventé ce jeu.

— Je ne saisis pas.

— Nous sommes des esprits, alors nous ne pouvons pas nous battre à l'épée comme vous les hommes, et les échecs sont un jeu d'esprit.

— Comment jouez-vous ?

— Il y a moi, le Roi des ténèbres et du mal, le noir, et il y a Dieu, le Roi du ciel et du bien, le blanc. Nous contrôlons chacun notre point d'énergie, soit le sixième point pour Dieu et le deuxième point pour moi. Nous possédons chacun notre Reine, la blanche et la noire. La Reine noire contrôle le premier point d'énergie, monsieur Ego. Sa plus grande force pour manipuler l'homme est l'orgueil. La Reine blanche, quant à elle, contrôle le quatrième point d'énergie, madame Âme. Son arme est l'amour. Vous avez ensuite les deux fous du Roi, qui logent au septième point d'énergie, celui de monsieur Esprit, et tentent d'influencer celui-ci d'un côté ou de l'autre, soit vers la folie, soit vers le génie. Comme nous le disons souvent, *la ligne qui sépare le génie de la folie est très mince.*

— Et les autres pièces, que font-elles ?

— Il y a les quatre cavaliers qui surveillent le troisième point, madame Inconscient. Les blancs

169

tentent de faire monter sa créativité vers le ciel, tandis que les noirs tentent de la faire descendre aux enfers. Ensuite nous avons placé nos tours au cinquième point d'énergie, celui de monsieur Conscient et des communications. Vous savez que pour la communication, les tours sont très efficaces à cause de leur hauteur qui donne une meilleure réception.

— Mais les pions, eux, que font-ils ?

— Ha, ha, ha !

— Pourquoi riez-vous ?

— C'est vous, les pions... Nous vous traitons comme des pions sur notre échiquier.

— Que voulez-vous dire ?

— Nous vous manipulons à notre guise en nous servant de votre libre arbitre. Tantôt vous régressez, tantôt vous évoluez. Nous nous cachons tous derrière les pièces de ce grand échiquier. Les gens croient que ces beaux habits noirs et blancs, ainsi que tous les corps physiques, et toutes les couleurs, sont la réalité, alors qu'ils ne sont qu'illusion, et que c'est nous qui sommes la réalité.

— Mais, je ne comprends pas... S'il y a un pion devant chaque point d'énergie, il devrait y avoir sept pions puisqu'il y a sept essences, et non huit pions, comme c'est le cas au jeu d'échecs.

— Je vous explique : vous avez un pion devant chacune des deux tours (situées au conscient), donc deux pions au total. Vous avez aussi deux pions devant les deux cavaliers (situés à l'inconscient), deux pions devant les deux fous (situés à l'esprit) et un pion devant le Roi (Dieu) ainsi qu'un devant la

Reine (l'Âme). Pour les pièces noires, c'est la même chose, sauf que de notre côté, le Roi est le Diable et la Reine est l'Ego. Donc, vous avez bien huit pions de chaque côté. Les quatre pions devant les deux Rois et les deux Reines contrôlent votre libre arbitre. Dix autres pions, soit cinq blancs et cinq noirs, représentent quant à eux les dix portes de votre mémoire consciente et inconsciente dont il vous faut découvrir la clé. En gagnant un pion de l'adversaire, vous gagnez une clé. Enfin, les deux derniers pions, un noir et un blanc, sont ceux qui protègent les deux portes divines, auxquelles vous ne pouvez pas avoir accès avant d'avoir vaincu les dix autres.

— Qu'arrive-t-il lorsque la partie est terminée ? Quel est l'enjeu ?

— L'âme humaine ! Le gagnant compte une âme de plus dans ses rangs.

— Pourquoi Dieu ne nous a-t-il pas tous créés parfaits ?

— C'est ce qu'il avait fait, mais l'homme n'était pas conscient de sa perfection et cherchait mieux. C'est comme cela que j'ai réussi à m'infiltrer. Je l'ai tenté lorsqu'il était au jardin d'Éden. Tout changea à partir de ce moment. Dieu décida que l'homme devrait obtenir sa perfection par son labeur, ce qui lui permettrait de l'atteindre tout en étant conscient de celle-ci. Et si ce n'était pas le cas, il n'y aurait pas de jeu. Plus rien n'aurait de raison d'être. Je ne pourrais plus m'amuser.

— Mais pourquoi ?

— Je préfère être un roi en Enfer plutôt qu'un valet au Paradis.

— Je vous hais, vous êtes méchant. Partez d'ici ! Je ne veux plus vous voir !

— Malheureusement, vous pouvez refuser d'affronter la réalité, mais vous ne pouvez pas la changer. Vous ne pouvez pas m'expulser. Je fais partie intégrante de vous et de tous les hommes. Je cohabite chez vous et si vous me tuez, vous vous tuerez aussi. Il n'y a que la mort qui puisse nous séparer.

Il tournait autour de Sylphide. Il avait un miroir à la main. Il lui disait : « Regardez comme je pourrais vous faire belle. Vous seriez reine avec moi, vous pourriez avoir tout ce que vous désirez. Regardez dans le miroir et vous pourrez y voir mon reflet derrière vous. »

— Non, non, laissez-moi !

— Mais voyons, Sylphide, acceptez que je sois votre seul maître. Joignez mes rangs. Je vous donnerai tout ce que vous désirez : le pouvoir, la richesse, le plaisir. Vous n'aurez aucun effort à faire. Cessez de vous morfondre à essayer de vous améliorer pour Dieu, et faites la belle vie avec moi.

— Non. Enlevez ce miroir et arrêtez de me harceler. Je vous hais et je ne peux pas croire que vous fassiez partie de moi et de tous les hommes. C'est affreux.

— Je trouve ça très bien, moi.

— Mais c'est moi qui suis maître ici ?

— Oui, c'est vous. Vous avez le libre arbitre de m'écouter ou non, mais je suis tellement intelligent et rusé que c'est moi qui influence le plus la plupart des hommes. Je les manipule comme des enfants et ils ne le savent même pas. J'adore cela.

— Donc, si je comprends bien, la plupart des hommes ne sont pas conscients que vous êtes là et que vous les manipulez à votre guise ?

— Effectivement !

— Mais n'y a-t-il personne qui ait déjà réussi à vous contrer ?

— C'est assez rare, mais cela arrive parfois !

— Et comment ces personnes s'y prennent-elles ?

— Je préférerais ne pas vous le dévoiler. Est-ce que vous l'exigez ?

— Oui, je suis le maître ici, et je vous ordonne de me répondre !

— Si je n'ai pas le choix… Pour réussir à me contrer, il vous faut développer l'humilité, mon pire ennemi. Prendre conscience de ma présence, effectuer un travail sur vous-même, savoir, lorsqu'une pensée vous traverse l'esprit, si elle provient de moi ou de quelqu'un d'autre. À ce moment, il est plus facile de déjouer mes ruses. Et, finalement, lorsque je vous parle et que vous savez que c'est moi, vous ne faites pas ce que je vous dis, alors je deviens très malheureux et je n'ai plus aucune emprise sur vous. Je ne suis plus votre maître. Vous reprenez ainsi le contrôle. Je vous laisse en paix momentanément, je n'ai pas d'autres choix, mais je reviens à la charge de temps en temps dans l'espoir de vous ramener sous ma domination. Mais si vous décidez de m'aider, je vous promets de vous faire atteindre le *supra* mal, le mal diabolique.

— Il y a des gens qui l'ont atteint ?

— Bien sûr, plusieurs… Hitler, entre autres. Vous le connaissez ?

— Oui, malheureusement.

— Allons, Sylphide, écoutez-moi et aidez-moi à détruire le monde que mon frère Dieu a créé. De toute manière, j'y arriverai avec ou sans votre aide, car l'homme préfère l'ego à l'amour. Ce n'est qu'une question de temps avant qu'ils ne s'entre-tuent tous. Et si vous m'aidez, vous aurez une place de choix dans mon royaume.

— Vous mentez. Cessez !... Je ne veux plus vous entendre. Vous ne réussirez jamais, j'en suis sûre. Je suis persuadée que les hommes préfèrent le bien au mal.

— Non, vous vous trompez, et je peux vous le prouver.

— Alors prouvez-le-moi !

— Allons faire un petit tour. Choisissez n'importe quel endroit.

— Il y a un hôpital là-bas. Entrons. Je suis sûre que les femmes dans ce bureau sont de bonnes personnes.

— Vous croyez ! Venez. Écoutons-les parler.

— Je ne peux pas m'asseoir sur leur bureau.

— Ne vous inquiétez pas. Elles ne peuvent ni nous entendre ni nous voir… Nous sommes esprits.

…Tu as vu la nouvelle assistante de M. Dupuis ? Elle est si mince qu'on a l'impression qu'elle va se

casser en deux. Je suis sûre qu'elle est anorexique…

— Vous venez d'être témoin de mon influence. Ce n'est pas l'amour que cette femme exprimait, mais la jalousie… Elle a un problème de poids, comme vous avez pu le constater.

— Je n'ai peut-être pas été chanceuse. Changeons d'endroit.

— Où désirez-vous aller ?

— Dans ce bureau d'avocats. Je suis sûre que nous allons trouver quelqu'un de bien.

— Vous croyez ? Ha, ha !

…Raymond, as-tu vu qui ils ont nommé comme nouvel associé du bureau ? C'est ridicule… Une femme ! Je suis sûr qu'elle couche avec les patrons et que c'est pour cela qu'ils l'ont préférée à moi…

— Constatez mon influence. Cet homme n'exprime pas l'amour mais plutôt l'orgueil et l'envie. Il éprouve une grande frustration de ne pas avoir eu ce poste.

— Partons d'ici.

— Où désirez-vous aller à présent ?

— Je ne sais plus. Il existe sûrement de bonnes personnes quelque part ! Regardez ce père de famille. Il a la photo de quatre beaux enfants accrochée au mur de son bureau. Il doit être bon, celui-là !

— Allons-y !

— Je suis sûre que cet homme n'a jamais trompé sa femme.

— Peut-être parce qu'il n'en a jamais eu l'occasion jusqu'à présent. Vous avez vu de quoi il a l'air et, de surcroît, il est sans le sou, alors pourquoi est-ce qu'un top model s'intéresserait à lui... Il n'a aucun mérite à être fidèle. Aucune proposition intéressante ne lui a jamais été faite.

— Vous mentez. Essayez de le tenter. Je suis sûre qu'il refusera.

— Parfait. Laissez-moi quelques instants, que je regarde à l'intérieur de son inconscient pour savoir à quoi ressemble la femme de ses rêves. J'ai trouvé ! Je vais prendre corps pour les besoins de la cause et le rejoindre pour le déjeuner. Je vais m'asseoir près de lui. Observez.

— *Je m'excuse, monsieur, pourriez-vous me passer le sel...*

— *Je ne vous ai jamais vue ici. Pourtant, j'y viens plusieurs fois par semaine...*

— *Qu'est-ce que vous faites dans la vie ?*

— *Je suis commis-comptable.*

— *J'adore la comptabilité. Êtes-vous marié ?*

— *Euh... Non.*

Sylphide vit l'homme courir vers les toilettes pour y enlever son alliance, puis appeler à son bureau pour aviser qu'il ne rentrerait pas de l'après-midi.

— Je n'arrive pas à le croire ! s'exclama-t-elle.

— Vous voyez, cet homme préfère quelques heures de plaisir avec la femme de ses rêves plutôt que l'amour de sa femme et de ses enfants.

— Je vais commencer à croire que vous dites la vérité.

— Avez-vous besoin d'autres exemples ?

— Non, ça me suffit. Peut-être avez-vous raison, mais je suis sûre que Dieu va faire quelque chose et que les hommes vont changer.

— Vous pouvez toujours rêver.

— Moi, je suis consciente de votre présence, et je vais tout faire pour vous contrer.

— Ha, ha, ha ! J'utiliserai la ruse et j'arriverai bien à vous posséder, vous aussi. J'ai le pouvoir de lire dans votre inconscient, et ainsi de me servir de vos plus grandes faiblesses pour vous manipuler.

Sylphide décida de partir, car l'endroit et la chaleur lui étaient insupportables. Elle lui dit en s'en allant :

— Je vous avertis tout de suite, vous aurez du fil à retordre avec moi. Je ne suis pas d'accord avec vos idées et je vais faire tout ce qui est en mon pouvoir pour déjouer vos plans. Maintenant, rappelez-moi quel est le point d'énergie que vous contrôlez. Je saurai alors, lorsqu'une pensée me traversera l'esprit, si elle provient de vous. Ainsi, lorsqu'elle proviendra de vous, je la ferai taire pour ne pas me laisser tenter.

— Je ne tiens pas vraiment à vous le dire. Suis-je obligé ?

— Je vous l'ordonne !

— Bon, si je n'ai pas le choix... Je contrôle le deuxième point d'énergie, situé près du nombril. Il est de couleur orangée. Je suis le nombril du monde, vous voyez ?

— Je vous hais et je ne suis pas du tout heureuse de vous avoir rencontré.

Elle partit aussitôt sans lui dire au revoir.

Il lui cria :

— Au revoir, Sylphide, et à très bientôt, j'espère. Ha, ha, ha !

26

*S*ylphide était terrifiée et se demandait si elle allait poursuivre sa route. Il ne lui restait qu'une seule essence à rencontrer. Elle décida de continuer, malgré la peur qui la tenaillait.

Elle pénétra dans une pièce sombre aux reflets rouges. Il n'y avait personne. Soudainement, un serpent lui frôla le pied et tenta de la mordre au talon afin d'y répandre son venin. Elle monta sur un banc et cria :

— Mais qui êtes-vous ? Ne vous approchez pas, je n'aime pas les serpents.

— Bonjour, Sylphide !

— Mais que faites-vous chez moi ? Qui êtes-vous ?

— Je suis votre ego, et j'habite ici.

— Mon ego !

— C'est bien cela.

— Mais quelle est votre fonction ?

— J'ai été créé par le mal. Le bien avait son âme, alors on a créé l'ego pour le mal.

— Mais que faites-vous exactement ?

— Je fais tout ce qui est en mon pouvoir pour aider mon maître, le Diable. Je suis l'orgueil, la vanité, la jalousie. C'est moi, l'ambassadeur des sept péchés capitaux.

— Quel malheur !

— Vous voulez dire quel bonheur ! Je suis très heureux, moi. De toute manière, auparavant, je n'avais aucun emploi, personne ne voulait de moi; et maintenant, je travaille. Ce n'est peut-être pas la meilleure fonction, mais au moins je ne suis pas au chômage.

— Je préférerais ne pas travailler plutôt que d'occuper un emploi pareil. Et quelle est cette fonction exactement ?

— C'est moi qui suis en charge de vous tenter et de vous corrompre. C'est également moi qui enregistre toutes vos pensées, actions et paroles négatives, afin de pouvoir m'en servir lorsque le moment sera venu. Je suis l'avocat du Diable qui tentera de convaincre les juges, à l'heure de votre jugement, que la balance penche plus vers le mal que vers le bien. Et la plupart du temps, je gagne.

— Et de quelle manière gagnez-vous ?

— En tentant de vous faire croire que vous êtes meilleure que tous les autres, que vous êtes la personne la plus formidable au monde. J'aime me regarder dans la glace, me trouver beau et bon, j'aime que l'on me flatte.

— Je comprends, mais comment puis-je vous faire fuir hors de moi ?

— Ce n'est pas possible. Je fais partie intégrante de vous et de tous les hommes. Par contre, vous avez le libre arbitre de m'écouter ou non. Si jamais vous réussissez à devenir consciente de mon existence et à me contrôler, tant mieux pour vous, mais cela sera difficile, car je suis très rusé. Le principe de la tentation est de tendre des pièges qui bien vite font tomber dans l'abîme l'homme faible et sans volonté. C'est la loi du plus fort, et la création matérielle n'est qu'un océan d'illusions où l'homme se noie un peu plus chaque jour. Il s'enfonce de plus en plus dans la matière et en oublie son origine.

— Dites-moi immédiatement quel est le point d'énergie que vous contrôlez.

— C'est le premier point d'énergie. Il se situe chez l'homme à la base du phallus et chez la femme sous le clitoris, le siège des plaisirs. Il est de couleur rouge.

Sylphide s'en alla aussitôt sans lui dire un mot.

27

*S*ylphide était exténuée et désemparée car elle se demandait comment elle avait pu vivre tout ce temps sans être consciente de tout cela. Elle décida d'aller s'asseoir sous un arbre du domaine pour réfléchir.

Elle écrivit :

Le domaine de Je Suis est si vaste et si complexe, comment faire pour m'y retrouver ? Comment faire pour ne pas m'y égarer ? De qui dois-je écouter les conseils afin de poursuivre ma route dans la bonne direction, en bonne compagnie, à travers de beaux paysages et sans trop d'accidents de parcours ? Qui, de toutes ces essences, m'indiquera le chemin le plus court et le plus efficace ?

Qui a raison, qui dois-je croire parmi tous ces personnages qui font partie intégrante de chaque homme ? Qui, de ceux-ci, détient la vérité : monsieur Esprit, monsieur Conscient, madame Âme, madame Inconscient ou monsieur Ego ? Peut-être la détiennent-ils tous ou peut-être qu'aucun d'eux ne la détient ? Serait-ce mon imagination ou la réalité ?

Heureux les simples d'esprit, **disait Jésus,** *car le royaume des cieux est à eux.*

Qu'est-ce que cela peut bien vouloir dire ?

Serait-ce parce qu'eux n'ont aucun choix à faire, étant donné qu'ils en sont incapables ? Mais, pour l'homme normal et conscient, ou encore pour les grands esprits, qui, eux, sont responsables de leur vie et de leur libre arbitre, qui sont obligés de faire des choix et qui sont cons-cients des conséquences à venir s'ils font les mau-vais choix, quel tourment ! Quelle responsabilité ! Est-ce que le fait d'avoir un plus grand esprit et une plus grande conscience amène une plus grande souffrance psychologique et une plus grande insatisfaction ? Est-ce que de vivre dans l'être plutôt que dans le paraître rend plus difficile la vie sociale ? Est-ce que d'avoir trop d'amour dans notre cœur fait de nous une proie trop facile pour les manipulateurs ? La conscience de n'être qu'une fourmi parmi tant d'autres, et de ne pas en comprendre la signification, générerait pour les plus grands esprits plus de souffrance que pour les ignorants.

Que peut bien vouloir dire le royaume des cieux ?

Est-ce que cela signifie atteindre enfin la paix d'esprit et la sagesse ? Mais comment faire pour l'atteindre ? Pourquoi même le plus grand des esprits doit-il vivre souvent un enfer sur terre dans la souffrance et la douleur de ne jamais comprendre quoi que ce soit ? Jusqu'à leur dernier souffle, ils seront tourmentés de ne pas connaître le pourquoi de leur existence. Moi je veux savoir la vérité, je veux comprendre. Il faut que j'y arrive.

28

*S*ylphide se leva le lendemain matin vers 6 heures. Après avoir fait sa toilette, elle remarqua que le miroir de la salle de bain était tout embué. Avec l'aide d'une serviette, elle l'essuya. Elle vit son visage dans la glace et se mit alors à sangloter. « Qui suis-je ? se demanda-t-elle. Moi qui croyais que le miroitement de cette glace était la réalité, pourtant il n'est qu'illusion. Il n'est que le reflet que l'on voit à la surface des eaux. Et tout ce que je croyais n'être qu'illusion est, en réalité, la réalité. Tout ce que je ne peux pas voir dans cette glace est ce qui a le plus d'importance. Comme je me suis trompée ! Et je réalise maintenant combien je suis petite de m'être crue grande. Je suis très loin d'être la personne qui savait tout et qui se connaissait très bien elle-même. En fait, je ne suis qu'une goutte d'eau de plus dans un océan. Ça m'attriste et ça me fait mal de m'apercevoir à quel point j'ai été naïve et stupide de m'être laissé manipuler ainsi par mon orgueil et ma vanité. C'est très difficile pour l'ego.

Comme l'humilité frappe fort lorsqu'elle s'y met. Quelle douleur de me rendre compte, en regardant plus loin derrière cette glace, que je ne suis pas mieux que les autres et même peut-être pire qu'eux. »

Sylphide était bouleversée. Prenant soudainement conscience de l'heure et de toute la lessive à faire, elle appela alors sa mère pour lui dire qu'elle irait chercher les enfants dans quelques heures.

— Bonjour maman, c'est moi, ça va ?

— Oh ! Sylphide… Je suis heureuse que tu m'appelles. Je ne pouvais pas te rejoindre. Ton livre est génial. Je n'ai pas pu en arrêter la lecture avant très tard dans la nuit, moi qui me couche tôt d'habitude. Est-ce vraiment toi qui as écrit tout ça ?

— Non, maman, c'est la voisine !

— Je n'arrive pas à croire que ma fille ait écrit un si bon livre. Par contre, à bien y penser, je suis sûre que c'est toi. Il y a tellement de fautes d'orthographe.

— Je te remercie de m'encourager, mais en ce qui concerne les fautes, je n'ai pas fini de les corriger.

— En tout cas, le livre, lui, est très bon. As-tu écrit autre chose ? J'ai hâte de connaître la suite. Apporte-moi une copie de tout ce que tu as de nouveau.

— Oui, maman, bien sûr !

— Tu n'oublieras pas ?

— Non. À tout à l'heure.

— Oh ! Fais-moi penser aussi de te remettre le gâteau que je suis en train de faire pour les enfants.

Il est au chocolat… C'est le préféré de Sara. N'oublie pas de me remettre mon assiette à gâteau lorsque tu reviendras. J'y tiens. Au fait, as-tu eu des nouvelles de Steve ?

— Non, maman.

Sylphide raccrocha. Elle se sentait désemparée. Tout allait si mal. Elle avait perdu son emploi. Steve ne l'avait toujours pas contactée depuis leur rencontre. Peut-être avait-il été déçu d'elle ? Sylphide se disait aussi qu'elle était probablement en train de perdre son temps à écrire ce livre qui ne serait jamais publié. Même si le cœur et le désir d'écrire étaient là, cela ne signifiait pas que ce livre intéresserait les lecteurs. Elle tenta de reprendre courage en se disant : « Demain est un autre jour et le soleil se lèvera à nouveau, malgré tous mes petits problèmes. Il continuera sa course et le monde continuera de tourner, même s'il ne tourne pas toujours très rond. De plus, demain ne peut être qu'un meilleur jour qu'aujourd'hui *puisque après la pluie, vient toujours le beau temps*. Cependant, la pluie quelquefois dure trop longtemps. Enfin, la vie continue. »

Elle alla chercher ses enfants, après avoir préparé pour sa mère une copie des autres pages qu'elle avait écrites.

De retour à la maison, elle fit la lessive, le repassage, et fit dîner les enfants. Pendant le repas, Jonathan remarqua le livre de Sylphide et lui dit :

— Maman, qu'est-ce que c'est que ce livre ?

— C'est le livre que j'ai commencé à écrire !

— Toi, écrire un livre ! Mais maman, tu n'as jamais fait ça.

— C'est la première fois, effectivement.

— Oh non !

— Quoi ? Qu'est-ce qu'il y a ?

— Tu travailles déjà trop, et tu fais toujours du ménage. Tu n'as pratiquement jamais le temps de jouer avec nous. Et maintenant, tu écris un livre en plus !

— Mais, Jonathan, j'aime écrire, et si ce livre est publié, nous serons peut-être en meilleure situation financière.

Jonathan se leva brusquement de table et alla regarder la télé.

Sylphide prépara leur collation et leurs vêtements pour le lendemain. Après avoir rangé la vaisselle, elle coucha les enfants, puis retourna à la cuisine prendre une tisane avant d'aller dormir. Pendant qu'elle préparait cette dernière, elle s'aperçut que la pellicule de plastique dont elle avait recouvert le gâteau après le souper avait été enlevée et qu'une petite souris était venue en manger. Elle soupçonna alors Sara. Elle se dit que c'était une chance que celle-ci n'ait pas été malade d'avoir mangé une aussi grosse portion.

Épuisée, Sylphide alla se coucher. À peine s'était-elle endormie que Sara se réveillait en pleurant et en criant : « Maman, maman ! » Sylphide se leva en vitesse et alla voir ce qui se passait. En arrivant dans la chambre, elle vit que c'était la catastrophe. Sara était malade et, prise de panique, elle n'avait pas eu le temps de se rendre à la salle de bain. Elle consola Sara, lui fit prendre un bain et changea ses draps. Finalement, elle retourna se coucher. Soudain, ce fut Jonathan qui se leva et vint dans sa chambre.

— Qu'y a-t-il, mon beau garçon ?

— Je n'arrive pas à me rendormir. Ça m'énerve, maman, d'être dans la même chambre que Sara… Elle me dérange chaque fois qu'elle se réveille. Ce n'est pas normal qu'un garçon de douze ans dorme dans la même chambre que sa sœur. Tous mes amis ont chacun leur chambre, eux. J'aimerais ça, changer de famille. Avoir une famille normale !

Sylphide en avait les larmes aux yeux que son propre fils ose lui dire cela, avec tout ce qu'elle faisait pour eux. Elle lui pardonna quand même, sachant qu'il n'était pas conscient de toute la portée de ce qu'il venait de lui dire. Elle lui répondit :

— Jonathan, écoute, ce n'est vraiment pas gentil, ce que tu viens de me dire, et ce n'est pas beau d'être égoïste et de ne penser qu'à soi-même. Viens te coucher maintenant, on en reparlera demain. Couche-toi sur le ventre et prends de profondes respirations pendant que maman te masse les épaules et le cou. Ça va te détendre et t'aider à t'endormir.

Après une quinzaine de minutes, Jonathan s'était finalement endormi lui aussi. Sylphide alla alors se recoucher et s'endormit en se disant que, après tout, il y avait sûrement des gens dans de plus mauvaises situations que la sienne et que tout finirait probablement par s'arranger. Versant quelques larmes, elle implora Dieu de la guider, de l'aider, car elle ne se sentait plus la force ni le courage de continuer à vivre.

29

*L*e lendemain, après le départ des enfants pour l'école, Sylphide se mit à la recherche d'un nouvel emploi. Elle décida de renoncer à écrire pour le moment, croyant qu'elle perdait probablement son temps. Dès qu'elle revint à la maison, le téléphone sonna. C'était sa mère. Elle lui dit, tout excitée :

— Sylphide, tu ne sais pas quoi ?

— Je sens que tu vas me le dire, maman !

— Maude est de passage à Montréal. Elle est venue me visiter et en a profité pour me faire coudre des doublures à deux couvertures qu'elle a brodées.

Sylphide s'exclama :

— Maude !

— Mais oui, Maude, pourquoi ?

— J'ai tellement pensé à elle et je me culpabilise tellement vis-à-vis d'elle.

— Mais voyons, Sylphide, je ne comprends pas. Tu as toujours été gentille avec elle.

— Pas assez, maman !

— Raconte-moi !

— Tu te souviens, maman… elle était notre nouvelle voisine lorsque nous avons déménagé sur la rue De Normandie. J'avais alors neuf ans.

— Je me souviens très bien.

— Te souviens-tu aussi, à l'époque, vous aviez, papa et toi, des petits problèmes financiers. Tu étais même retournée travailler le soir pour vendre des assurances avec papa. Vous n'aviez pas beaucoup de temps à me consacrer à ce moment, et je ne vous en veux pas. Il était plus important de manger que toute autre chose. La période de 9 ans à 13 ans a été pour moi très difficile.

— Mais, Sylphide, tu ne t'es jamais plainte.

— Je ne me comprenais pas moi-même, alors comment voulais-tu que j'explique ça à quelqu'un d'autre ? J'étais à l'époque très révoltée contre la vie.

— Mais pourquoi, Sylphide ?

— J'étais sensible et peut-être trop idéaliste pour mon âge. Je commençais à l'époque à voir ce qui se passait autour de moi et à prendre conscience de toutes les injustices sociales de ce monde. J'aurais voulu changer les choses, mais je ne pouvais pas porter tous ces problèmes sur mes frêles épaules. Plus je cherchais à résoudre les injustices, plus je me rendais compte que je ne pouvais rien y changer, que j'avais les mains liées. Je n'avais pas d'autres choix que d'accepter la vie telle qu'elle était. Mais il est parfois très souffrant moralement d'être trop conscient des choses, lorsqu'on ne peut rien y faire. C'était moi… on est comme on naît, après tout.

— Mais pourquoi étais-tu si révoltée, Sylphide ?

— Vers l'âge de 9 ans, j'ai eu une profonde prise de conscience par rapport au monde qui m'entourait. J'étais une personne très sensible et pure. Je ne voulais pas faire de mal à personne. Alors, à l'école, les autres enfants en profitaient pour m'intimider et me battre. J'étais une proie idéale, vu mon incapacité à me défendre. Et en observant le monde autour de moi, je m'expliquais mal le pourquoi de tant d'injustice.

— Quelle injustice ?

— Pourquoi certaines gens étaient si riches et possédaient tout ce qu'ils désiraient, tandis que d'autres mouraient de faim à travers le monde. Pourquoi certains enfants gambadaient tandis que d'autres passaient leur enfance clouées à un lit d'hôpital. Il y avait une fille à mon école qui avait de longs cheveux blonds, de beaux yeux bleus et qui était très grande. Les garçons étaient fous d'elle, même si elle était détestable, tandis que la fille la plus gentille et intelligente que j'aie connue était malheureuse. Elle se faisait humilier sans cesse par les garçons parce qu'elle n'était pas belle… Pourquoi l'humilier pour ça ? Je me demandais à l'époque si les rapports hommes/femmes ne reposaient que sur la chance que l'on avait d'être belle ou pas. La beauté intérieure et les autres valeurs humaines n'avaient-elles aucune importance ? Je trouvais tout ça si superficiel. Enfin, une amie d'école, Sophie, avait perdu sa mère. Lorsque j'ai appris que sa mère s'était suicidée, j'ai été anéantie.

— C'est affreux, mais pourquoi s'est-elle suicidée ?

— Elle adorait son mari. Dès son mariage, elle avait cessé de travailler pour fonder une famille avec l'homme de sa vie. Elle avait eu trois enfants, dont deux garçons plus âgés que Sophie. Son mari, qui était en pleine crise de la cinquantaine, avait demandé le divorce et était parti vivre avec une autre femme qui avait pratiquement l'âge de son fils aîné. Désemparée, elle était tombée dans une grande dépression qui avait duré plusieurs mois. Les médecins lui avaient prescrit des antidépresseurs pour l'aider mais, une nuit, elle avala le flacon au complet, mélangé à de l'alcool. Ses enfants la découvrirent trop tard. Elle était déjà morte en arrivant à l'hôpital.

— Tu ne m'avais jamais parlé de ça, Sylphide. Quel choc ça a dû être pour ces pauvres enfants !

— Je n'ai jamais revu Sophie par la suite. Je crois que son père a dû l'emmener vivre avec lui et sa nouvelle mère improvisée. Je ne t'en avais jamais parlé. Les enfants ne racontent pas toujours tout ce qu'ils vivent à leurs parents. Les jours qui suivirent ont été très éprouvants. Je priais Dieu de venir me chercher, car ce monde n'était pas fait pour moi. J'étais trop fragile et sensible. J'avais l'impression que je n'arriverais jamais à me forger une place au soleil. Si seulement j'étais née au masculin... Ça aurait été tellement plus facile que de naître au féminin ! La majorité des parents tendaient à vouloir des garçons et non des filles. Les garçons avaient le droit de jouer aux sports d'équipe tels le hockey, le baseball ou le soccer. Moi qui adorais le baseball, j'ai dû renoncer à jouer. Les garçons ne voulaient pas de moi dans leur équipe parce que j'étais une fille et, de plus, j'étais la risée des voisins. On me harcelait et me disait que j'étais un garçon manqué parce que j'aimais les sports. On me limitait à n'aimer que magasiner et me maquiller, deux choses que je détestais. C'était ça que la société avait décidé pour moi parce que j'étais née au féminin. J'ai dû m'y résigner. J'observais aussi les adultes autour de moi en me disant que peut-être, plus tard, ce serait plus agréable d'être une femme que d'être un homme, mais ça me semblait encore pire. Les hommes, la plupart du temps, étaient mieux rémunérés pour le même travail. Même si, quelquefois, ils étaient moins compétents ou travaillaient moins, ils avaient de plus belles carrières et de meilleurs postes s'offraient à eux. En observant les rôles que la société leur avait attribués, je me sentais malheureuse d'être une femme, moi qui avais de l'ambition, une soif du savoir, le goût de déplacer des montagnes. J'étais prédestinée à n'être qu'une simple ménagère, à ne pouvoir rien faire d'autre que de servir mon entourage en passant ma vie à faire le ménage, les repas, à veiller au bien-être de tous sans jamais penser à moi. Pendant que mon mari me tromperait avec sa secrétaire, ferait du sport et sortirait, je resterais seule à la maison à m'occuper des enfants. Car pour la société, un homme qui se paie du bon temps, c'est normal, mais une femme qui se serait payé du bon temps, et qui aurait laissé son mari garder les enfants, aurait été une mère indigne à l'époque. Ma destinée était de me résigner à vivre tout ça pendant des années. Et de voir grandir mes enfants en sachant que, à partir du jour où ils n'auraient plus besoin de moi, ils me mettraient au rancart, et je devrais à ce moment passer par leurs secrétaires pour prendre rendez-vous avec eux. Ils seraient probablement trop occupés pour me parler. Quant à ce mari dont j'aurais été la femme de ménage et que j'aurais aidé à s'enrichir pendant une vingtaine d'années en ne dépensant pas, en me privant de soins esthétiques, d'une belle robe, de voyager, il me quitterait quand les enfants pourraient voler de leurs propres ailes. Il dépenserait alors toutes nos économies avec une autre femme et me mettrait lui aussi au rancart. Voilà le message que la société donnait aux petites filles. Comme j'aurais préféré être un homme ! Ma vie aurait été tellement plus facile. J'aurais été celui qui se fait aimer et non celle qui aime. J'aurais été celui qui reçoit et non celle qui donne. Je ne pouvais pas me suicider, car je savais que ça vous chagrinerait trop. J'implorais Dieu de me changer en garçon ou de venir me chercher et de me libérer des griffes de ce monde injuste qui n'était pas fait pour une petite fille sensible. Il ne m'écouta pas. Il n'est pas venu me chercher et m'a seulement dit : « Un jour, tu comprendras. Sois patiente et courageuse. Il faut te battre et survivre, c'est ton destin. Aie foi en moi, je suis là, je t'aiderai. Détourne ton regard de ce qui est mauvais et injuste, et ne regarde que ce qui est juste et bon. Douterais-tu de moi ? »

Je lui répondis alors : « Oui, Dieu, car si vous existiez et étiez si bon, vous ne laisseriez pas ces choses-là arriver. »

Et il rétorqua : « Cherche le pourquoi des choses, Sylphide, puis tu trouveras et comprendras. »

Mais je restais révoltée. Pour me venger de l'ingratitude de ce monde, j'avais décidé de me suicider à petit feu. J'ai commencé à fumer un paquet de cigarettes par jour. La société acceptait que les gens meurent du cancer, mais non d'un suicide. Plus j'étais révoltée et plus je fumais, essayant de me détruire et de mourir le plus tôt possible.

— Mais quel rapport y a-t-il avec Maude ?

— J'y arrive… Un jour, Maude est entrée dans ma vie.

— Qu'a-t-elle fait au juste ?

— Elle m'a redonné le goût de vivre. J'admirais beaucoup cette femme qui savait jouer avec les mots. Elle m'a fait connaître certains auteurs célèbres. Elle me faisait la lecture d'histoires merveilleuses. Elle discutait souvent avec moi de tout et de rien. On philosophait ensemble. À l'époque où je jouais de la guitare, elle a même composé pour moi une chanson qui s'intitulait *Miroir*. J'ai d'ailleurs toujours conservé précieusement cette chanson. Je crois que c'est elle qui m'a appris à aimer les mots et à philosopher. C'est à ce moment que j'ai commencé à écrire tout ce que je vivais, la moindre de mes émotions. Ça m'aidait beaucoup et me permettait de me libérer de toutes ces pensées qui bouillonnaient dans ma tête. J'avais l'impression que Maude me considérait un peu comme la petite fille qu'elle n'avait pas eue. Son mari était gentil lui aussi avec moi. Par contre, il était plus réservé. C'est lui qui me permettait de gagner presque tout mon argent de poche. Il me faisait faire des petits travaux. Je gardais aussi leurs deux fils lorsqu'ils sortaient. Je travaillais pour l'argent qu'ils me donnaient. Vu mon âge, le travail n'était sûrement pas toujours bien fait, mais ils ne me réprimandaient jamais. Grâce à cet argent de poche, j'avais réussi à acheter ma première paire de jeans.

— C'est très bien tout ça, Sylphide, mais pourquoi as-tu mauvaise conscience ?

— Parce qu'à l'époque, je n'étais pas consciente de tout ce qu'ils faisaient pour moi. Je ne l'ai réalisé qu'une dizaine d'années plus tard. Et pendant tout ce temps, je ne l'ai jamais appelée une seule fois, je ne l'ai pas remerciée pour toute l'aide qu'elle m'avait apportée. Je me trouvais si ingrate. Peut-être aurait-elle aimé avoir de mes nouvelles de temps à autre. Lorsque j'ai enfin pris conscience de tout ça, j'aurais voulu aller jusque chez elle et la serrer très fort dans mes bras, lui dire combien je l'aimais et la remercier d'avoir été là pour moi au moment où j'en avais si besoin. Mais je n'ai pas eu le courage de le faire. Je croyais qu'il était un peu tard pour la remercier, après toutes ces années.

Elle versa quelques larmes et reprit en disant :

— Maman, la Providence m'a envoyé cette femme. Quand tout allait mal, que je ne croyais pas pouvoir m'en sortir, que j'étais trop fatiguée pour continuer à me battre, elle était là. Et au moment où j'ai encore besoin d'aide et que je suis découragée, elle réapparaît dans ma vie.

— Mais voyons, Sylphide, tu vois les choses pires qu'elles ne le sont en réalité.

— Maman, je suis fatiguée de me battre.

— Tu vas voir, Sylphide, tout va s'arranger. Maude et son mari m'ont demandé de tes nouvelles et m'ont dit de te saluer.

— Tu les embrasseras de ma part, d'accord ? Et dis-leur que la prochaine fois que j'irai à Québec, j'irai les voir.

— Je t'appelais pour te dire que j'avais fini de lire tout ce que tu avais écrit et que je trouvais cette histoire très intéressante. J'ai donc décidé que lorsque tu l'aurais terminée, nous irions fêter ça. Je vous inviterai au restaurant, les enfants et toi. On se payera tout un festin.

— Mais maman, j'ai décidé d'arrêter d'écrire. J'ai l'impression de perdre mon temps.

— Comment ! Mais tu ne peux pas arrêter avec tout ce que tu as déjà fait. Il n'en est pas question. Je sais maintenant que tu as du talent et que tu dois continuer.

— Oh ! Maman, attends-moi une minute. J'ai entendu sonner…

201

« Un instant, j'arrive ! » cria-t-elle. Elle alla ouvrir la porte. C'était un livreur. Il lui demanda de signer, car il avait un colis pour elle. Sylphide lui répondit que c'était sûrement une erreur, qu'elle n'attendait aucun colis, et lui demanda d'où provenait celui-ci.

— D'une bijouterie.

— Mais voyons, c'est une erreur, monsieur !

— C'est bien votre nom et votre adresse sur ce document ?

— Oui, mais…

— Madame, je suis pressé, et il n'y a rien à payer. Je livre aux adresses indiquées sur mes feuilles de route. S'il y a une erreur, vous n'aurez qu'à contacter mes employeurs. Pourriez-vous signer, s'il vous plaît, j'ai plusieurs autres livraisons à faire.

— Bon, très bien, je signe, je signe !

— Merci madame, et bonne journée !

— Au revoir.

Sylphide referma la porte, et courut reprendre le téléphone :

— Maman ! Maman ! C'est un colis d'une bijouterie pour moi. C'est sûrement une erreur.

— C'est peut-être de Steve. Vite, ouvre-le !

Sous l'emballage, il y avait une belle boîte qui ressemblait à un coffre à bijoux version miniature. En l'ouvrant, Sylphide fut éblouie. Un magnifique cœur en diamants se trouvait à l'intérieur. Il brillait de mille feux. Il était accompagné d'un certificat de gemmologie, sur lequel étaient détaillés le pourcentage

202

d'or du bijou, ses dimensions, son poids, la pureté et la couleur des diamants. Elle trouva aussi une petite enveloppe. Son nom y était inscrit.

— Sylphide, est-ce de Steve ? Réponds-moi !

— Oui, maman, c'est bien de lui.

— Qu'est-ce que c'est ?

— C'est un magnifique cœur en diamants.

— Formidable ! Y a-t-il un mot ? Lis-le-moi !

Elle décacheta l'enveloppe et la lut : « Chère Sylphide, je suis si heureux d'avoir fait votre connaissance, mais en même temps si triste d'avoir dû vous quitter si vite et pour si longtemps. J'ai peur que vous ne m'oubliiez, puisque l'on dit *loin des yeux, loin du cœur.* Pourtant, pour moi, ce n'est pas le cas, car je pense à vous tous les jours. Même si tous ces voyages et ces aéroports devraient m'éloigner de vous, ils ne font que me rapprocher. Le jour, votre ombre m'accompagne partout où je vais, et j'attends impatiemment la nuit afin de vous retrouver dans mes rêves. Sylphide, vous me manquez énormément. Je vous ai acheté un cœur en diamants, que j'ai baptisé en votre honneur : Le Cœur de Sylphide. Le nom y est gravé à l'endos ainsi que la date de notre premier dîner. Lorsque vous le recevrez, je serai en Europe. J'aimerais que vous le portiez près de votre cœur jusqu'à mon retour, en espérant qu'il vous fera penser à moi.

Avec toute mon affection, Steve. »

— Maman, c'est bien lui, c'est formidable ! Il m'aime ! Mais, qu'est-ce que tu as, maman ? Tu pleures ?

— Sylphide, c'est si charmant. Je suis si heureuse pour toi. J'arrive à l'instant pour admirer ce cœur.

— Je t'attends. À toute à l'heure.

Sylphide avait le cœur qui battait la chamade et les yeux remplis d'eau. Elle se disait que c'était vrai, qu'après la pluie vient toujours le beau temps. Elle passa un long moment à s'admirer devant la glace, parée de son cœur en diamants étincelants.

Les enfants arrivèrent de l'école. Sylphide, toute fière, se mit à défiler devant eux. Sara dit :

— Maman, c'est magnifique. Qui te l'a donné ?

— C'est Steve. Je vous ai parlé de lui... Vous vous souvenez ?

Sara s'écria :

— Comme il est gentil ! Est-ce qu'il m'en achètera un à moi aussi ? Est-ce que nous allons enfin avoir un papa ?

— Tu vas trop vite, Sara. Pour le moment, ce n'est qu'un ami.

Jonathan rétorqua :

— Oui, oui, juste un ami. Me semble qu'il donne de beaux cœurs en diamants comme ça à tous ses amis... Tu crois que je suis naïf, maman ? Je suis sûr que c'est un peu plus qu'un ami. En tout cas, j'espère qu'il sait jouer au Monopoly et qu'il jouera avec moi. Toi, tu n'as jamais le temps.

— Maman ! Maman ! Je voudrais essayer ton cœur, je peux ? Dis oui.

— Bien sûr, Sara.

30

*L*e lendemain, pendant le petit-déjeuner, Jonathan dit à Sylphide:

— J'ai raconté à mes amis, hier, que tu étais en train d'écrire un livre et ils m'ont dit que si le livre était publié, tu recevrais de l'argent. Ils m'ont dit aussi que si tu en recevais assez, ça pourrait devenir ton métier. Alors tu n'aurais plus besoin de travailler toutes les fins de semaine. Est-ce que tu aurais plus de temps pour jouer avec nous si tu faisais ce métier ?

— Oui, c'est possible.

— Est-ce que c'est vrai que, si jamais ton livre est aussi bon que celui d'*Harry Potter*, tu pourrais devenir très riche ?

— Effectivement, mais il est très rare qu'un livre obtienne un pareil succès.

— Mais si jamais ça arrive et que tu deviens riche, est-ce que tu m'achèteras un ordinateur ? Et un Sega Genesis, un Xbox…

— C'est promis pour l'ordinateur; pour le reste, on verra.

Sara dit à son tour :

— Maman, je veux un ordinateur, moi aussi. J'ai dit à mes amis que tu écrivais un livre, mais ils ne me croient pas. Quand tu l'auras terminé, est-ce que tu pourrais mettre mon nom et le nom de Jonathan en dédicace ? Comme ça, je l'apporterai à l'école et lorsque mes amis verront nos noms, ils me croiront.

— Bien sûr, Sara, si jamais je le termine.

Jonathan protesta :

— Comment, si tu le termines ?

— Je ne suis plus sûre... J'ai l'impression que ça ne marchera pas. C'est énormément de travail, et je suis un peu fatiguée.

— Maman, il faut que tu nous promettes de le finir. On va t'aider pour le ménage si tu nous promets de le terminer. On aimerait tellement avoir un ordinateur.

— Très bien, je vais le terminer, mais ça ne signifie pas que ça va marcher. Maintenant, dépêchez-vous, sinon vous allez manquer l'autobus.

— Au revoir maman, bonne journée !

Après le départ des enfants, Sylphide se prépara pour aller à son premier rendez-vous chez monsieur Brisson, le psychanalyste. Tout en conduisant, elle essayait de se faire une idée de ce à quoi pouvait ressembler un psychanalyste. Le seul qu'elle avait déjà vu en photographie était Sigmund Freud. Elle s'imagina donc monsieur Brisson très âgé, une canne dans une main et un cigare dans l'autre. Avec une barbe et des cheveux blancs.

Sylphide se sentait nerveuse. Arrivée sur le pas de la porte, elle sonna, mais personne ne vint lui ouvrir. Elle attendit, puis sonna à nouveau. Toujours rien. Elle était vraiment déçue que monsieur Brisson se soit absenté, et cela, sans même l'avoir avisée. Elle retourna à son auto et s'en alla. Attendant à un feu de circulation, elle remarqua le nom des rues de l'intersection et se rendit compte qu'elle n'était pas sur la bonne rue. Elle s'était rendue au bon numéro civique, mais sur une rue parallèle. Elle se dépêcha de rebrousser chemin et, avec un léger retard, sonna cette fois au bon endroit. Un homme jeune, grand et charmant, qui ne ressemblait pas du tout à Freud, vint lui ouvrir.

Sylphide lui dit timidement :

— Bonjour monsieur, j'ai rendez-vous avec monsieur Freud, euh… monsieur Brisson. Est-ce qu'il est là ?

— Vous devez être Sylphide ?

— Oui, c'est bien moi.

L'homme lui tendit la main et lui répondit :

— Il me fait plaisir de vous rencontrer. C'est moi, monsieur Brisson.

— C'est vous, euh… monsieur Brisson ?

— Bien sûr, c'est moi, pourquoi ?

— Vous ne ressemblez pas vraiment à Freud.

Il sourit, lui montra le chemin de son bureau et la fit asseoir.

— Sylphide, je vous ai réservé plus de temps pour la première fois afin que l'on puisse faire connaissance. Ensuite, nous nous verrons deux fois par semaine à raison d'une demi-heure chaque séance. Cela vous convient-il ?

— C'est parfait, monsieur Freud, euh... Brisson.

Il se frotta énergiquement les mains et lui dit :

— Allons-y, commençons. Racontez-moi tout de vous !

Elle ne savait pas trop par quoi commencer. Elle avait tellement besoin de parler à quelqu'un que l'inspiration lui vint très rapidement. Elle se mit à parler sans s'arrêter. Il ne put dire un mot pendant près d'une demi-heure. Soudain, elle décida de lui parler du *Livre de la Vérité* qu'elle avait découvert, propos qu'il ne pourrait répéter à personne. Elle savait que le secret professionnel ne lui permettait pas de divulguer ses confidences.

— Monsieur Brisson, est-ce que vous croyez que je suis folle, vous aussi ?

— Hum ! Les femmes sont toutes un peu mystérieuses... c'est ce qui les rend si intéressantes. Alors, ne vous en faites pas, vous êtes tout à fait normale.

— Mais cette histoire ne peut pas exister.

— Oui et non !

— Que voulez-vous dire ?

— Partons du principe que la psychologie humaine fonctionne de la même manière que le monde physique.

— Je ne comprends pas !

— Je vous explique. Dites-moi, si quelqu'un subit un traumatisme physique lors d'un accident d'auto, par exemple, et que la douleur devient insupportable, qu'arrive-t-il ?

— Cette personne perdra connaissance et tombera dans un état comateux.

— Exactement. Le corps et l'esprit humains ont été si bien conçus que lorsque la souffrance physique, ou psychologique, devient intolérable pour un individu, une soupape de sécurité se déclenche afin de le protéger. Plus l'esprit est fort, et plus la soupape peut devenir complexe et élaborée.

— Je comprends ce que vous voulez dire, mais ce n'est pas très clair.

— Des psychologues ont étudié les cas de certaines personnes qui avaient subi de grands traumatismes. Comme pendant la Seconde Guerre mondiale. Les Juifs, par exemple, qui furent traités injustement, poursuivis comme des fauves, humiliés, dépossédés de leurs biens et séparés de leur famille. Qui ont été témoins quelquefois de l'exécution des leurs dans les camps de concentration. Pouvez-vous imaginer combien grand pouvait être leur traumatisme psychologique ?

— C'était sûrement atroce. Je crois que je n'aurais pas eu la force de me sortir de ça indemne.

— Certains même, ne pouvant plus tolérer cette souffrance, se laissaient mourir. Pourtant, d'autres ont pu surmonter toutes ces atrocités et ont repris une vie normale une fois la guerre terminée. Certains réussirent cet exploit car ils étaient dotés

209

d'une plus forte volonté psychologique. C'est alors que les chercheurs comprirent qu'il existait aussi une soupape de sécurité psychologique. Elle agit en permettant à l'homme de se réfugier dans un monde imaginaire lorsque la réalité lui est insupportable.

— Ça me fait penser au film que j'ai vu à ce sujet l'autre jour. Un homme prisonnier dans un camp de concentration avait caché son fils dans le dortoir, lui faisant croire que c'était un jeu et qu'il fallait qu'ils se cachent pour gagner à ce jeu. Il a réussi à cacher son fils sans que celui-ci ne se doute de rien. Ainsi, par son sens de l'imagination, il lui cacha la réalité afin de ne pas le perturber. Il en arrivait même quelquefois à prendre la fiction pour la réalité. Mais quel rapport y a-t-il avec moi ?

— Avec un vécu moins dramatique que celui dont nous venons de discuter, vous n'auriez pas présentement envie de fuir la réalité ?

— Effectivement ! Ça ne va pas très bien pour moi présentement. Mais…

— Attendez, je vous explique… L'inconscient travaille avec l'esprit afin d'élaborer un plan minutieux, essayant de vous faire réaliser vos rêves et, du même coup, de vous faire fuir la réalité qui ne vous convient pas. Ce *Livre de la Vérité* que vous avez découvert ne serait-il pas le livre que vous avez toujours rêvé d'écrire ?

— Très intéressant. Je n'avais pas envisagé la chose sous cet angle.

— Réfléchissez à tout cela et on en reparlera à notre prochaine rencontre. Je dois mettre fin à notre entretien maintenant. J'ai un patient qui sera là dans quelques minutes.

— Merci, monsieur Brisson et au revoir !

— Au revoir et à très bientôt, Sylphide !

Sylphide sortit du bureau, fit quelques pas et revint frapper à la porte.

— Avez-vous oublié quelque chose ?

— Et si ce livre existait vraiment… ? répondit-elle sur un ton mystérieux.

Et elle repartit avec un petit sourire narquois, sans qu'il n'ait eu le temps d'ajouter un mot.

$\mathcal{D}$e retour chez elle, Sylphide se remit au travail. Elle fit part à son conseiller de tout ce qu'elle avait découvert sur elle-même.

— Tu as donc découvert toutes les essences qui font partie intégrante de toi, les cinq *supra* et les sept points d'énergie ?

— J'ai finalement réussi.

— Je suis fier de toi. Je savais que tu finirais par y arriver.

— Merci. Vous savez, en parcourant le journal ce matin, j'ai appris qu'il y avait encore du terrorisme et que la guerre en Israël continuait de plus belle. Je n'ai jamais compris qu'un tel conflit puisse perdurer, et ce, depuis si longtemps.

— Si tu allais là-bas et que tu demandais aux jeunes gens pourquoi ils se battent, ils ne pourraient probablement pas te répondre, puisqu'ils ne le savent pas exactement eux-mêmes. Les gens ont toujours besoin, dans leur vanité et leur orgueil, de croire qu'ils sont mieux que les autres, et qu'il existe toujours des méchants et des gentils. Bien entendu, ils sont, pour leur part, les gentils et les autres sont les méchants. Si tu allais de l'autre côté de la clôture, ils te diraient la même chose. C'est un éternel cercle vicieux. C'est toujours la faute des autres. L'homme croit toujours qu'il est la victime et que les autres sont les bourreaux. Que lui est parfait et que les autres sont imparfaits. Tant qu'il ne grandira pas, ne prendra pas ses responsabilités et ne corrigera pas sa faiblesse, il y aura des guerres. Espérons seulement qu'il s'en apercevra avant que tout ne soit détruit et que la race humaine ne disparaisse à jamais. Pour ce qui est de ce conflit, il prit naissance il y a quelques millénaires, à la suite de la décision d'un seul homme.

— Racontez-moi…

— Abraham (Abram), qui était juif, avait une fort jolie épouse qui s'appelait Saraï. Celle-ci, ne pouvant lui donner d'enfant, décida de se servir de Hagar, leur servante, comme porteuse de la descendance d'Abraham. Celui-ci, si heureux d'avoir un enfant, se détourna de Saraï. Puis, soudain, celle-ci eut un enfant à son tour. Abraham retourna vers elle car, avec un enfant, elle devenait à nouveau sa préférée. Les deux femmes se mirent à se quereller. Lequel de leurs fils deviendrait le successeur d'Abraham ? Celui-ci fit alors une grave erreur. Il prit une décision fort peu sage, préférant le fils de Saraï à celui d'Hagar. Il bannit alors sa servante Hagar et son fils du village, les escorta jusqu'au désert, croyant qu'ils y mourraient de soif et de faim. Mais ils survécurent et le fils d'Hagar, Ismaël, donna naissance à une nouvelle nation, celle des Arabes. Ces événements divisèrent la nation juive en deux. Pourtant, les deux chefs de ces deux différentes nations étaient des frères, avaient le même sang dans leurs veines. Et depuis ce temps, les descendants de ces deux frères se font la guerre. L'homme, dans son orgueil et son désir de pouvoir irrationnel, est prêt à tuer son frère pour obtenir le pouvoir.

— Ainsi, les Juifs et les Arabes seraient des frères ?

— Comme Jésus le disait : « Vous êtes tous frères et sœurs car il y eut, au début, un homme et une femme. »

— Mais j'ai déjà lu l'Ancien Testament et ce n'est pas tout à fait dit de cette manière.

— Bien sûr, car, malheureusement, aucun des livres qui se sont rendus jusqu'à nous aujourd'hui ne contient que la vérité. Il n'en reste que très peu par rapport aux écrits originaux.

— Mais je ne comprends pas pourquoi.

— Parce qu'il est très difficile pour l'homme de ne pas s'improviser juge, d'être honnête à travers les textes qu'il écrit ou traduit. Son orgueil et sa vanité le poussent souvent à engendrer des causes qui ont des effets dévastateurs.

— Je ne saisis pas très bien ce que vous voulez dire.

— Supposons qu'une femme vaniteuse et orgueilleuse ait été chargée de traduire l'Ancien Testament. Si elle avait lu des textes lui enseignant que seuls les hommes pouvaient accéder à la royauté, puisqu'ils étaient supérieurs à la femme, cette femme se serait dit : « Il y a sûrement une erreur. » Et aurait changé le mot homme pour femme, faisant ainsi déraper le sens du texte. Ce ne fut pas le cas, car les seules personnes ayant l'autorité et les connaissances de la traduction et de l'écriture étaient des hommes à l'époque, surtout les organisations religieuses. C'est probablement pour cela que, même au vingtième siècle, les femmes n'avaient pas le droit de vote. Mais si les anciens livres avaient été écrits et traduits par des femmes, ce sont probablement les hommes qui n'auraient pas eu le droit de vote. Est-ce que le monde aurait été meilleur ? Et l'homme à la peau noire aurait corrigé les erreurs de l'auteur en disant que ceux qui ont la peau noire sont supérieurs. En fin de compte, tous les hommes à travers le temps ont changé quelques mots, suivant leurs convictions politiques, religieuses, ethniques, sexuelles. Mais il y a eu pire encore. Certaines monarchies, religions, ou certains hommes, tel Hitler, ordonnèrent de détruire et de brûler tous les livres qui ne leur convenaient pas. Personne ne pouvait cacher, lire ou publier un livre sans leur autorisation morale, sinon la mort les attendait. Ainsi donc, les gens n'avaient d'autres choix que de se convertir aux principes moraux et religieux des dominants. Il n'est nullement besoin d'aller très loin. Ici même, au Québec, voilà près de quatre cents ans, Louis Hébert fut le premier colon français au Canada. L'Église catholique, qui contrôlait tout ce que l'on écrivait au Québec à l'époque, avait choisi de ne pas mentionner son nom comme premier colon du Québec dans les manuels d'histoire. Elle a décidé que l'on ne parlerait que du premier colonisateur, Samuel de Champlain. Qui était d'ailleurs un bon ami de Louis Hébert.

— Mais pourquoi nous avoir caché les mérites de monsieur Louis Hébert pendant toutes ces années ?

— Tout simplement parce que monsieur Hébert était protestant. Par contre, monsieur Champlain, lui, était catholique. Il était inconcevable de dire dans les manuels d'histoire que le premier colon du Québec était protestant. Quel affront pour l'Église catholique.

— Je n'arrive pas à le croire !

— Demande à un professeur d'université en histoire, il te le confirmera.

— Je comprends maintenant pourquoi il ne reste probablement plus grand-chose de vrai dans les livres qui se sont rendus jusqu'à nous.

— Et, de plus, il s'agissait d'erreurs volontaires. Mais il y a eu aussi des erreurs involontaires. Parce que certains traducteurs n'ont pas toujours bien compris le sens des messages qu'ils traduisaient.

— Comme quoi, par exemple ?

— Dans la traduction d'un ouvrage sur Aristote, *Les Politiques,* traduction inédite par Pierre Pellegrin : « Car le cœur même de l'entreprise des politiques d'Aristote est là : à quelles conditions cette promesse de perfection... Autrement dit à quelles conditions une "cité" excellente peut-elle exister et durer... »

Les traducteurs ont traduit par le mot « cité » ce qui aurait dû devenir « société ».

« ...après être passé du problème de la définition de la "cité"... »

Pour la langue française, ceci pourrait être lu comme : « Après être passé du problème de la définition de la "ville". » Mais cela aurait dû être : « Après être passé du problème de la définition de la "société". » Pour la langue française, le mot « cité » a plutôt le sens de « ville » et non de « société ». Ce n'est pas parce que nous connaissons bien une langue que, nécessairement, nous connaissons et comprenons aussi la signification du message d'un auteur.

Voici un autre exemple, dans la Genèse, texte intégral, traduction œcuménique, *Adam et Ève chassés du jardin d'Éden.* « Tous deux étaient nus, sans se faire mutuellement honte... et vous serez comme des dieux possédant "la connaissance"... leurs yeux à tous deux s'ouvrirent et ils surent qu'ils étaient nus. » Cela ne te semble pas un peu illogique ?

— Vous avez bien raison. Ayant eu des enfants, j'ai pu remarquer que vers l'âge de cinq ans, les enfants prennent « conscience » de leur corps et de leur nudité, de leurs différences. Effectivement, cela n'a rien à voir avec « la connaissance ». Ils ne savent pas lire ni écrire à cet âge. Ils n'ont guère de grandes « connaissances », c'est plus une « conscience » qui se développe par rapport à la nudité. On a écrit le mot « connaissance » à la place du mot « conscience ».

Connaissance signifie dans le dictionnaire : *savoir, acquis, information, culture, instruction, érudition, connaissance exacte et profonde.* Tandis que le mot conscience signifie : *faculté qu'a l'homme de connaître sa propre réalité, la conscience de soi, de son existence, prendre conscience d'une chose, s'apercevoir, réaliser.*

— Tu comprends maintenant comment un simple mot peut changer tout le sens que les auteurs ont voulu donner à leur écrit. Remplacer le mot conscience par le mot connaissance change toute la dimension du texte et nous conduit sur un chemin complètement différent dans notre réflexion. Il aurait peut-être été préférable de garder le silence parfois sur certains épisodes de l'histoire, plutôt que d'induire en erreur plusieurs générations et de les conduire sur de mauvaises routes. Car la parole et les écrits sont d'argent mais le silence est d'or, comparativement au mensonge.

— Mais vous, vous êtes *Le Livre de la Vérité*. Il y a donc des livres qui se sont rendus jusqu'à nous et qui contiennent seulement la vérité, non ?

— Sylphide, lorsque tu m'as découvert, est-ce qu'il y avait quelque chose d'écrit sur mes pages ?

— Non, c'est vrai, elles étaient toutes blanches. Mais pourquoi ?

— Parce que la pure vérité n'est pas enfermée dans ce livre, mais dans ton ADN émotif et celui de tous les hommes. Tout ce qui est arrivé depuis la nuit des temps est enregistré dans votre mémoire et transmis d'une génération à l'autre, comme il est enregistré que vous devez naître avec une bouche, deux oreilles, etc. Même si les gens n'en sont pas conscients, lorsqu'ils naissent, ils ont un cœur, des reins, la bonne quantité de muscles et ainsi de suite, comme si tout avait été enregistré sur un disque dur d'ordinateur. Tu ne t'es jamais demandé pourquoi ton corps savait quelle couleur de peau ou quel groupe sanguin tu devais avoir par rapport à tes ancêtres ?

— Non, pas vraiment.

— Tout de toi, et de tous les hommes, que ce soit physique, émotif ou psychologique, est le résultat de l'évolution humaine et est inscrit dans l'ADN physique, émotif et psychologique de l'homme. La science en est à ses balbutiements dans ce domaine. Elle a commencé à reconnaître l'ADN physique, mais un jour, elle sera en mesure de reconnaître toutes les formes d'ADN. À partir de ce moment, il sera possible à l'homme d'aller chercher toute l'histoire passée de l'humanité depuis le début des temps. Et, contrairement à bien des livres, l'ADN ne ment pas, lui. En attendant que la science en soit rendue à ce point, il est parfois difficile de s'y retrouver, mais il est possible de le faire en effectuant un travail sur soi-même et en méditant, ce qui permet de développer notre conscience, et d'ainsi avoir accès à notre mémoire émotionnelle.

— Mais je ne comprends pas. Vos pages ne sont plus blanches maintenant ?

— Sylphide, ce n'est pas moi qui écrivais ces pages, comme tu le pensais, mais bien toi. Car je ne suis qu'un livre-miroir. Je n'ai fait que refléter à tes yeux la vérité que tu savais déjà, qui était cachée au plus profond de ton cœur et de ton inconscient. Je n'ai fait qu'envoyer ce reflet jusqu'à ton conscient. Tout ce que tu as écrit provient de toi et non de moi, qui ne suis que miroir.

— C'est vraiment moi qui savais tout ça ?

— Oui. Le plus pur et le plus grand *Livre de la Vérité* de tous les temps est celui qui se cache à l'intérieur du cœur et de l'inconscient de tous les hommes. Dans l'ADN de l'inconscient de l'homme, tout ce qui a existé, tout ce qui existe et tout ce qui existera est écrit.

— Mais pourquoi l'ai-je trouvé, et d'autres pas ?

— Parce que tu as cherché, et d'autres pas ! Pour recevoir, il faut demander et pour trouver, il faut chercher.

— Je suis abasourdie. Quelle sagesse !

— Maintenant, Sylphide, tu dois terminer la correction de ton livre et le faire publier.

— Je ne peux pas. Nous venons tout juste de commencer. J'ai encore beaucoup de choses à dire.

— Tu n'es pas prête à poursuivre. Réfléchis, médite sur tout ce que tu as appris. Continue de chercher et tu trouveras la suite. Tu as maintenant terminé ton premier volume. Repose-toi quelques mois. Tu le mérites, car tu as travaillé fort. Ensuite, tu commenceras à écrire ton deuxième volume. De plus, c'est ton premier roman. Aucun éditeur ne prendra le risque de publier un premier roman de mille pages. Le risque financier sera moins grand pour eux avec un livre d'environ deux cents pages.

— Bon, d'accord, mais vous savez, vous allez me manquer. J'aimais bien parler avec vous !

— Je serai toujours là pour toi !

— Mais j'ai peur que mon livre ne trouve pas preneur.

— Sylphide, ne t'en fais pas. Comme je te l'ai dit tout à l'heure, la vérité se cache à l'intérieur de l'homme, et l'homme sait reconnaître la vérité. Il la détient au plus profond de lui. Les lecteurs aimeront ta pureté. Ils se rendront compte que tu t'es toute donnée afin de te porter avec eux vers une réflexion et une tentative de compréhension de la société. Par ce livre, Sylphide, tu viens d'inventer un nouveau genre littéraire, celui du cœur. Les libraires ne sauront pas dans quel rayon le classer. Il renferme une histoire d'amour, du suspense, de l'histoire, de la fiction, de la théologie, de la psychologie, de la psychanalyse, des sciences et de la philosophie. Tu as concocté un livre où se retrouvent tous les ingrédients de la vraie vie, alors ne t'inquiète pas pour l'avenir de celui-ci.

— Je vous remercie de m'encourager. Il me ferait tant plaisir que mon livre soit apprécié. Mais je ne connais aucun éditeur. Comment ferai-je pour le faire publier ?

— Avant que ne sonne minuit, un éditeur t'offrira un contrat d'édition.

— Mais aucun éditeur ne viendra sonner à ma porte pour me demander si j'ai un livre à faire publier ! Que dois-je faire ? Où dois-je aller ?

— Aie la foi et crois. Tout est déjà écrit dans ton inconscient, même si tu n'en es pas encore consciente. J'en aperçois le reflet. Ton livre sera édité, c'est sûr.

— Merci pour toute l'aide que vous m'avez apportée, et au plaisir de vous revoir bientôt pour mon deuxième volume.

— Au revoir, Sylphide et à très bientôt... Peut-être viendras-tu me voir plus tôt que tu ne le crois !

32

*S*ylphide appela sa mère pour lui dire qu'elle avait fini d'écrire son manuscrit.

— Maman ! Maman ! J'ai terminé mon livre.

— Fantastique, je suis fière de ma fille. Je t'invite demain pour dîner avec les enfants. On va fêter ça. Mais n'oublie pas de m'apporter une copie des pages de la fin de ton livre.

— Comme tu es gentille, maman. Je te promets que je n'oublierai pas. Maman, attends-moi, on sonne à la porte.

Sylphide alla répondre.

— Une livraison spéciale pour vous, madame.

— Merci !

Elle referma la porte et, impatiente, se dépêcha de reprendre le téléphone.

— Maman, j'ai reçu un autre colis !

— Ouvre la boîte et dis-moi ce que c'est !

Ayant rapidement déballé le colis, Sylphide y trouva douze roses rouges, ses fleurs préférées. Elle sentit leur parfum. Tout excitée, elle décrivit le contenu du colis à sa mère et lui lut la carte qui l'accompagnait : « Chère Sylphide, je suis si impatient de vous revoir, je ne cesse de penser à vous. Dès que vous recevrez ces fleurs, appelez-moi. Voici le numéro de mon hôtel à Paris où je suis pour quelques heures encore. Appelez-moi vite. »

— C'est formidable, Sylphide, comme cet homme est gentil pour toi. Je te laisse, appelle-le, et rappelle-moi tout de suite après.

— Oui, maman, à tout à l'heure.

Sylphide raccrocha, puis composa le numéro de l'hôtel à Paris.

— Bonjour !

— Steve, c'est vous !

— Sylphide, comme je suis heureux d'entendre votre voix. J'avais si peur que vous ne m'ayez oublié pendant tout ce temps. Je ne sais pas ce qui m'arrive. Vous me manquez tellement...

Ils parlèrent pendant près d'une heure. Steve lui raconta tout ce qu'il avait fait pendant ce temps. Où il était allé. Sylphide lui révéla qu'elle avait fini d'écrire un livre.

— Je dois vous quitter maintenant, j'ai un avion à prendre dans quelques heures. J'ai réussi à raccourcir mon voyage d'une semaine. Je serai donc de retour dans deux semaines. Je vais essayer de survivre pendant tout ce temps loin de vous.

— Vous me manquez beaucoup aussi. Je porte votre cœur à mon cou jour et nuit. À bientôt, Steve.

— Au revoir, Sylphide !

33

*U*ne heure environ après que Sylphide eut raccroché, le téléphone sonna à nouveau. Elle répondit :

— Oui !

— Bonjour, je suis monsieur Nyssen, un grand ami de Steve. Je suis éditeur et Steve m'a joint tout à l'heure de l'aéroport pour me demander de jeter un coup d'œil à votre livre. Pourriez-vous passer me voir à 15 heures et m'en laisser une copie ? Je vous rappellerai demain pour vous dire ce que j'en pense. Cela ne signifie pas que je vais le publier. Je ne voudrais pas vous décourager, mais il est très rare que soit publié un premier roman. Souvent, il faut plusieurs tentatives avant d'en produire un qui ait de l'intérêt pour le lecteur. Mais étant donné que Steve m'a demandé de vous rencontrer, je vais le faire. Même si votre livre ne peut être publié, il me fera plaisir de vous donner quelques conseils et de vous recommander certaines personnes qui vous aideront à améliorer la qualité de votre style.

— Merci infiniment, monsieur Nyssen, de bien vouloir y jeter un coup d'œil. Je serai là à 15 heures.

— C'est très bien. Je vous passe maintenant ma secrétaire. Elle vous donnera mes coordonnées.

— Merci encore !

Elle appela sa mère pour lui raconter sa conversation avec Steve et la rencontre qu'elle aurait dans l'après-midi, puis, un peu plus tard, elle se rendit à son rendez-vous.

— Bonjour madame, j'ai rendez-vous avec monsieur Nyssen. Je suis Sylphide !

— Un instant madame, je vais vérifier s'il peut vous recevoir.

— Je regrette, mais monsieur Nyssen a eu un contre-temps. Il ne pourra pas vous rencontrer. Il m'a demandé de laisser votre manuscrit sur son bureau et de vous dire qu'il vous contacterait demain.

— C'est bien. Merci. Au revoir.

— Au revoir !

Sylphide, quelque peu déçue de ne pas avoir rencontré l'éditeur, doutait qu'il jette un coup d'œil à son livre. Peut-être n'avait-il agi que par politesse envers Steve. Elle arriva chez elle un peu désemparée. Elle se souvenait que son conseiller lui avait dit qu'avant que ne sonne minuit, elle trouverait un éditeur, mais elle n'y croyait pas vraiment. Le temps passa, il était bientôt 17 heures. Les bureaux allaient fermer et elle n'avait toujours pas de contrat. Elle se disait que son conseiller s'était probablement trompé. Elle s'occupa des enfants dès leur retour de l'école. Elle leur annonça qu'elle avait terminé son livre, qu'elle attendait des nouvelles d'un éditeur et qu'ils iraient fêter ça au restaurant le lendemain. Ses enfants lui firent promettre avant d'aller au lit que, peu importait l'heure, si elle avait des nouvelles, elle les réveillerait. Sylphide regardait passer les heures en perdant un peu plus espoir au fur et à mesure que le temps s'écoulait. Il était maintenant 23 heures, et elle n'avait toujours pas de nouvelles.

À 23 h 08, le téléphone sonna. Elle se demandait qui pouvait bien appeler à cette heure. Elle se dit que c'était sans doute sa mère.

— Oui, bonsoir !

— Sylphide ! Sylphide ! C'est vous ?

— Oui, c'est moi, qui est-ce ?

— Sylphide, je regrette de vous déranger à cette heure, c'est moi, monsieur Nyssen. Je sais que je ne devais vous appeler que demain, mais votre livre est fantastique. C'est le meilleur livre que j'aie lu depuis bien des années !

— Vraiment !

— Oui !... Venez me voir tout de suite. Votre contrat est prêt.

— Mais je regrette, je ne peux pas !

— Vous avez déjà signé avec un autre éditeur ?

— Non, pas du tout.

— Mais alors pourquoi ?

— Mes enfants dorment. Je ne peux pas les laisser seuls !

— Ah ! Je comprends. C'est donc moi qui vais me déplacer. J'ai votre adresse sous la main. Je serai là dans une vingtaine de minutes !

— Très bien, je vous attends.

— Et ne contactez aucun autre éditeur. Je veux ce livre.

— C'est promis !

— Oh ! Sylphide !

— Oui, monsieur Nyssen ?

— Vous savez, l'homme dont vous parlez au début de votre livre, celui qui est arrivé au Château Frontenac en limousine, celui qui n'a pas eu la chance d'avoir d'enfants et qui est tombé sous le charme des vôtres... Cet homme qui a payé votre suite au Château Frontenac...

— Oui ?

— C'était moi !